영유아교사 인성교육의 이론과 실제

The Personality Education for Early Childhood Teacher

영유아교사 인성교육의 이론과 실제

강유정·박진희·정동희 공저

동 문 사

머리말

교육의 궁극적인 목적은 새로운 지식과 경험의 습득과 함께 바람직한 인성형성이라 할 수 있다. 영유아기에 있어 인성교육은 지(知), 정(正), 의(義)의 조화로운 발달이 어우러진 전인적 인간의 육성을 교육의 이상으로 삼고 있다. 영유아기 인성교육을 통해 영유아는 긍정적인 자아감을 형성하고 남을 배려하며 서로가 다름을 인정할 수 있는 소양을 함양함으로써 더불어 즐겁게 삶을 영위할 수 있는 품성의 기초를 형성하게 된다. 영유아기에 어떤 경험을 하느냐가 인성형성에 중요한 영향을 미치는데, 이러한 측면에서 영유아와 밀접히 상호작용하면서 경험을 공유하는 교사의 영향력은 상당히 중요하다. 따라서 예비 영유아교사뿐 아니라 현직 영유아교사의 인성함양을 위한 교육을 강화해 나가야 할 것이다.

구체적으로 이 책은 크게 이론 편과 실제 편으로 구성되어 있다. 이론편의 제1장은 영유아교사의 개념으로 영유아교사의 정의, 중요성, 영유아교직의 특성, 21세기 바람직한 영유아교사상 등을 다루고 있고, 제2장은 영유아교사의 전문성 발달에 관한 것으로 영유아교사 전문성의 개념, 영유아교사의 발달단계에 따른 전문성 발달, 교사교육프로그램 등을 설명하고 있다.

제3장에서는 영유아교사의 자질을 여러 철학적 관점에서 이해해 보았고, 다양하게 요구되는 영유아교사의 역할을 살펴보았다. 제4장에서는 영유아교사의 교직유리를 다루고 있는데, 아동이 무한한 가능성을 인정하고 바람직한 방향으로 성장·발달하도록 하는데 교사의 책임이 막중하므로 교직윤리에 대한 개념, 필요성, 윤리강령 등을 살펴보았다.

제5장에서는 영유아교사 인성교육의 이해를 위한 내용을 다루고 있다. 인성의 개념, 인성교육의 목적, 영유아교사 인성교육의 필요성과 원리 그리고 교수·학습방법을 설명하고 있으며, 앞으로의 인성교육 방향에 대해서도 고민해 보았다.

제6장에서는 인성교육진흥법에 기초한 영유아교사를 위한 8대 인성 덕목, 즉 예절, 효도, 정직, 책임, 존중, 배려, 소통, 협동의 덕목들을 상세히 설명하고 있다.

실제 편에서는 미디어 리터러시 접근으로 교사인성프로그램들을 다루었다. 일시적인 소통 수단을 넘어 현 세대의 주요한 의사소통 체계로 자리매김하고 있는 미디어 리터러시를 통해 인성덕목에 해당하는 상황들을 간접적으로 체험해보고 인성에 대한 지식 및 이해를 도울 수 있는 프로그램들로 구성되어 있다.

각 프로그램들은 8대 인성 덕목별로 4개의 활동 총 32개의 활동계획안과 활동지가 수록되어 있다. 영화, 책, 그림, TV, 인터넷, 신문, 비디오, 라디오 등 미디어가 표상하고 있는 인성에 대한 의미나 메시지를 보다 비판적으로 분석하고 성찰하는 과정을 통해 영유아교사가 집단 내 다른 사람과 서로 다른 관점을 나누고 그것을 재해석하여 새로운 의미나 관점을 구성하는 것을 도울 수 있다.

원고를 준비하는 동안 저자들은 교사로서 바람직한 인성을 소유했는가에 대한 질문을 끊임없이 하면서 반성해 보는 의미 있는 시간을 가질 수 있었다. 부족하나마 본 저서가 예비 영유아교사들의 인성함양과 현장에서 인성교육에 관심을 가지고 아이들을 지도하는 영유아교사들에게 조그마한 보탬이 되었으면 하는 바람이다. 끝으로 이 책을 출간하는데 아낌없는 지원과 격려를 주신 동문사 사장님과 직원 여러분들께 깊은 감사의 말씀을 드린다.

2017년 2월

저자 일동

PART I

이론 편

HAPTER 1

영유아교사의 개념

1 영유아교사의 정의

교사의 기도

-도종환-

날려보내기 위해 새들을 키웁니다.
아이들이 저희를 사랑하게 해 주십시오.
당신께서 저희를 사랑하듯 저희가 아이들을 사랑하듯
아이들이 저희를 사랑하게 해 주십시오.

저희가 당신께 그러하듯
아이들이 저희를 뜨거운 가슴으로 믿고 따르며
당신께서 저희에게 그러하듯
아이들을 아끼고 소중히 여기며 거짓 없이
가르칠 수 있는 힘을 주십시오.

아이들이 있음으로 해서 저희가 있을 수 있듯
저희가 있음으로 해서 아이들이 용기와 희망을 잃지 않게 해 주십시오.
힘차게 나는 날개 짓을 가르치고 세상을 올곧게 보는 눈을 갖게 하고
이윽고 그들이 하늘 너머 날아가고 난 뒤
오래도록 비어있는 풍경을 바라보다
그 풍경을 지우고 다시 채우는 일로 평생을 살고 싶습니다.
아이들이 서로 사랑할 수 있는 나이가 될 때까지
저희를 사랑할 수 있게 해 주십시오.

저희가 더더욱 아이들을 사랑할 수 있게 해 주십시오.

학생을 가르친다는 것은 교육활동을 수행한다는 의미이다. 우선 '교육'의 의미를 이해해 보면, 동양에서 '교육'이라는 용어가 처음으로 사용된 것은 『맹자(孟子)』의 진심장(盡心章) 상편(上篇)이다. 여기서 맹자는 군자의 세 가지 즐거움(君子有三樂)을 이야기하는데, 그 중 세 번째 즐거움이 천하의 영재를 얻어 교육하는 것(得天下英才而教育之三樂也)이라 한데에서 '교육'을 찾을 수 있다. 교육은 한자어로 가르칠 '교(教)'와 기를 '육(育)'의 합성어이다. '教'란 윗사람이 아랫사람에게 지도와 격려를 하고 모범을 보이며 아랫사람은 그것을 본받는다는 의미를 담고 있으며, '育'이란 타고난 소질과 품성을 바르게 자랄 수 있도록 보호·육성한다는 의미를 담고 있다. 그러므로 '교육(教育)'은 '성숙자가 지도와 모범을 통하여 미성숙자에게 사회적인 가치들을 함양시키고, 잠재능력과 가능성을 이끌어주는 과정'이라고 할 수 있다.

서양의 경우 '교육'이란 말에 해당하는 'pedagogy'는 어원상 그리스어의 'Paidagogos'에서 유래하는데, 이 말은 'paidos(어린이)'와 'agogos(이끌다, 인도하다)'의 합성어이다. 또 'education'은 라틴어 e(=out: 밖으로)와 ducare(이끌어내다)의 합성어로 '학습자가 갖고 있는 선천적인 소질 또는 잠재능력이 행동으로 표출되도록 바람직한 방향으로 신장시키고 발전시키는 것'으로 해석할 수 있다(유정아, 2003).

동서양을 막론하고 교육이란 가치 있는 무엇인가를 미성숙한 아동에게 전수하

거나 전달한다는 의미와 더불어 아동이 내재적으로 가지고 있는 잠재능력을 계발하여 완성한다는 의미를 함축하고 있다.

이와 같은 '교육'의 의미 속에서 '교사'란 '총체적 인간으로의 바람직한 성장과 변화를 돕는 역할을 하는 사람'이라 할 수 있으며, 교사에 대한 다양한 설명들은 '가르치고, 지도하며, 이끈다'는 의미를 내포하고 있다.

그러면 영유아교사는 어떻게 정의할 수 있는가? 먼저, '영유아'에 대한 개념을 살펴보면, '영아'란 '만 3세 미만의 아동'을 말하며(「영유아보육법 시행규칙」 제28조), '유아'란 '만 3세부터 초등학교 취학 전까지의 어린이'를 의미한다(「유아교육법」 제2조), 그리고 '영유아'란 6세 미만의 취학 전 아동을 의미하는 것으로(「영유아보육법」 제2조) 출생 직후의 신생아기부터 취학 이전까지의 아동 범위를 모두 포함하는 개념이다.

'영유아교사'는 '영아', '유아', '교사'라는 세 개의 용어가 합성된 것으로, '영유아의 보육, 건강관리 및 보호자와의 상담, 그밖에 보육시설의 관리·운영 등의 업무를 담당하는 자'로서 '일정한 자격을 가지고 0세부터 만 5세까지 아동의 바람직한 성장·발달을 위해 보호와 교육서비스를 제공하는 사람'이라고 정의할 수 있다(박근주·송원호·김연진·이화영, 2011).

본서에서는 유치원 교사와 어린이집 교사를 포괄하는 개념으로 영유아교사를 사용하고자 한다. 유치원 교사는 「유아교육법」 제22조에 자격이 명시되어 있으며, 어린이집 교사는 「영유아보육법」 제21조에 자격이 명시되어 있다.

직업분류상 유치원 교사의 위치는 초·중등 교사와 마찬가지로 교육 전문직에 속한다. 보육교사의 경우에는 교직을 이수한 것이 아니므로 교사에 해당하지 않는다. 자격에 따른 분류에 근거했을 때는 유치원 교사와 보육교사가 같은 직업군에 속하지 않는다. 다만 동일 연령의 영유아를 교육하고 돌보는 기능이 유사하므로 통상적으로 영유아교사로 통칭하는 경향이 있다(박은혜, 2016).

그러면 어떠한 사람들이 영유아교사가 되는가? 영유아교사는 영유아를 좋아한다고 모두가 될 수 있다고 생각하는가? 영유아를 좋아한다는 것은 처음부터 싫어하는 사람보다는 영유아교사직에 적응하는 데 도움이 될 것이다. 어느 직업이든지 처음부터 정해진 것은 아니고, 그 직업을 선택해서 직장생활을 하다 보면

적응해 가게 된다. 교사 역시 태어나는 게 아니라 적응하고 노력하며 만들어지는 것이다(김현자·김혜금·이상희, 2012).

일반적인 교사의 개념을 넘어서 구체적으로 영유아교사는 어떤 사람을 말하는지에 대해서 법적·사회적 측면, 발달적인 존재로서의 측면, 영유아와의 관계 측면 그리고 교육적 가치관과 철학을 가진 존재로서의 측면으로 나누어 특징을 살펴보면 다음과 같다(염지숙·이명순·조형숙·김현주, 2011).

1) 법적·사회적 측면

법적이고 사회적인 측면에서 영유아교사란 영유아를 대상으로 가르치는 자로서 소정의 교사양성과정을 이수하고 자격을 취득한 자라고 할 수 있다. 우리나라의 영유아를 대상으로 한 교사 양성의 과정은 초·중등과 달리 이원화되어 있다. 즉 보육교사는 보건복지부에서 자격증을 발급하고 있고, 유치원 교사는 교육부에서 자격증을 발급하고 있다. 그러나 보호와 교육은 분리될 수 없는 개념이며, 따라서 영유아교사는 출생부터 취학 전 아동을 대상으로 하여 보호와 교육의 역할을 담당하고 있는 자로서 어린이집의 보육교사와 유치원 교사를 모두 포괄하는 개념이다.

2) 발달적인 존재로서의 측면

최근에 교사교육자들은 교사에게 발달적 관점을 적용해야 한다는 주장을 펴고 있다(문혁준·김경회·김영심·김혜연·배지희·서소정·안효진·이경렬·이미정·이희경·조혜정, 2010). 이는 아동들과 마찬가지로 교사 또한 교직생활을 통해 끊임없이 성장과 변화의 과정을 거친다는 것으로서 전통적인 능력중심과 자질중심의 교사 개념을 반대하고 각 교사의 개인차를 인정하여 개인적 성장을 도와야 한다는 관점을 제시하고 있다. 대학을 졸업하고 교사로 입문하는 신임교사와 5년, 10년의 경력을 갖춘 교사는 영유아를 바라보는 아동관과 가르침을 보는 교육관에 있어 많은 변화를 경험하고 성장하게 된다. 따라서 이상적이고 훌륭한 교사라는 용어보다는 계속적으로 성장하고 발전하는 개인으로서의 교사에 초점을 맞추고 교사 성장과정에 관심을 기울여야 한다.

3) 영유아와의 관계 측면

교사는 영유아에게 영향을 줄 뿐만 아니라 영유아로부터 영향을 받는 상호적인 존재이다. 만 3세를 맡는 교사와 만 5세를 맡는 교사는 요구되는 교사의 역할도 다르며 교사의 행동에 대한 영유아들의 반응도 다르다. 따라서 교사는 영유아들의 수준과 요구에 맞추어서 적응을 해가며 교사로 성장한다. 교사는 일방적으로 영유아들에게 영향을 미치고 이끌어가는 존재가 아니라 영유아들의 영향을 받고 그에 따라 교직을 수행하는 과정에서 많은 변화를 경험하는 존재이다.

4) 교육적 가치관과 철학을 가진 존재로서의 측면

교사는 교실 상황에서 하루에도 수백 번 의사결정을 내리며 무엇이 영유아들에게 올바른 선택이며 교육적인 행동인가에 대해 고민을 하며 융통성 있게 학급을 이끌어간다. 남에게 배우더라도 구체적인 방법은 자기 스스로 고민을 거듭하여 새롭게 만들어 나가야 한다. 영유아교육기관의 실내나 실외에서는 언제든지 교사의 빠른 판단을 요구하는 다양한 상황들이 발생하므로 교사는 일관되고 분명한 철학과 가치관의 확립이 필요하며, 이를 토대로 끊임없는 반성적 사고를 할 수 있는 사람이어야 한다(문혁준 외, 2010).

2 영유아교사의 중요성

영유아교사의 중요성은 영유아기 교육의 중요성에서 찾을 수 있다. 영유아교사의 중요성을 세 가지 측면에서 살펴보면 다음과 같다(염지숙 외, 2011).

1) 사회적 존재로서의 모델링

영유아의 삶에 중요한 영향을 미치면서 영유아들의 발달을 돕고, 영유아가 자신을 소중하게 느낄 수 있도록 하며, 영유아들이 세상에 용기 있게 나갈 수 있도록 해 주는 첫 번째 가정 밖의 인물이라는 점이다. 첫 번째 사회적 존재의 모델링으로서 영유아교사는 영유아들에게 용기를 주고 사람과의 만남을 즐길 수 있는 영유아가 되게 한다는 측면에서 중요성을 찾을 수 있다.

2) 영유아기 아동의 발달과 학습에 미치는 높은 영향력

영유아교육과 같이 나이 어린 영유아를 대상으로 하는 교육에서 교사가 영유아의 발달과 학습에 미치는 영향은 높은 연령의 아이들을 대상으로 하는 교육보다 크다. 이는 특히 유치원 교육이 지식전달이 주가 아니라 전인적 성장을 목적으로 하는 기초교육이기 때문에 더욱 그러하다. 영유아는 교사의 행동 및 특성을 모방하며 교사가 영유아에게 기대하는 정도에 따라 발달에 영향을 받는다.

3) 교육과정 운영에서 수업의 질을 결정하는 핵심요인

유치원 교육 내용과 방법적 특성으로 인하여 수업의 계획, 진행, 평가 등이 어떤 의미에서는 교사에 의해 좌우된다고 볼 수 있다. 그러므로 영유아교사는 교육과정 운영에서 자율적으로 선택한 수업의 질을 결정하는 핵심요인이 되며 동시에 가장 전문적인 의사결정을 내려야 하는 자율과 책임을 갖고 있다.

영유아교사는 미성숙의 단계에서 성숙의 단계로 이행해 나가는 시기에 속한 영유아에게 중요한 영향을 미치는 인적 환경으로서의 책임을 인식하고 영유아에게 믿음과 신뢰를 줄 수 있는 존재가 되도록 노력해 나가야 한다.

3 영유아교직의 특성

1) 교직의 특성

교직이란 교육현장에서 학생들을 가르치는 임무를 수행하는 직종을 의미하며, 전문적이고 도덕적인 실천과정과 맥락을 특징으로 한다. 교직의 수행과정에서 교사들은 학생과 학교교육을 위해 여러 가지 윤리적 결정과 쟁점에 직면하게 된다(김규태·강유정·강성복, 2014). 교직의 특성을 제시하면 다음과 같다.

첫째, 교직은 장기간의 훈련을 받은 교사가 전문적 지식체계인 교수실천에 대한 지식, 내용지식, 교육과정 실행지식을 실천하는 곳이다(Doyle, 1990). 여기서 말하는 교수 실천에 관한 지식은 특정한 교사의 행위나 행위체제가 교실에서 사용되어졌을 때 어떤 결과를 가졌는가에 대한 지식이다. 또한 내용지식은 교과지식과 교수적 내용지식을 말하는 것으로, 교과지식은 교과의 구조에 대한 이해, 개념적 조직의 원리에 대한 이해, 그리고 탐구의 원리에 대한 이해를 말한다. 교수적 내용지식은 교사가 갖고 있는 내용지식을 교수적으로 강제하면서 학생들의 능력과 배경에 따라 교수·학습활동에 적합한 형태로 변형시키는 능력을 말한다. 그리고 교육과정 실행지식은 교육과정을 실행하는 교실 내의 구조와 과정에 대한 것으로 교실이 어떻게 운영되는가? 교수효과가 어떻게 일어나는가? 등에 대한 지식을 말한다.

둘째, 교직은 교육행위를 통하여 복잡하고 애매모호하고 불확실하며, 개별적이고 주체적인 인간의 경험을 풍부하고 충실하게 이해하고 바람직한 방향으로 변화시키는 행위를 수행한다. 이러한 점은 교수자의 특성이 범상하지 않은 어려운 일을 수행하고 있다는 것을 시사한다.

셋째, 교직은 자신의 지식과 기술에 따라 스스로 결정할 수 있는 재량권을 행사한다. 교수자의 일은 단순한 과정을 요구하고 사전에 주어진 지침에 따라 수행하며, 이루어야 할 목표와 목표달성을 위한 실행의 절차가 객관화·일반화되어 있는 것이 아니다. 교수자의 일은 출발점에서부터 가시화·일반화될 수 없는 개성적 대상과 목표를 전제하게 되고 그 실행과정에 시종일관 개별성과 우연성이 수반

되기 때문에, 교육받는 대상의 고유한 가능성과 교육적 필요를 포착하는 일에서부터 그에게 가장 의미 있는 경험의 소재들을 선정·해석·번역하여 전달하는 일에 이르기까지 전 과정에 걸쳐서 끊임없이 스스로 판단하고 실행한다(허병기, 1994).

넷째, 교직은 전문가로서 자기 또는 동료들에 의한 통제와 자신의 업무 수행을 판단할 전문적 식견과 기술을 지닌 외부 전문가들에 의해 통제를 받으면서 그 책무를 이행한다.

이러한 교직의 특성을 요약하면, 교직은 미성숙자를 대상으로 하여 바람직한 인간의 성장·발달을 조장하고 국가와 민족의 번영을 꾀하는 직업이다. 뿐만 아니라 인류사회의 진보와 발달을 이룩할 수 있는 전문적이고 봉사적이면서 한편으로 자기 갱신을 도모하고 높은 윤리성과 소명의식이 요구되는 공공적 직업이라 할 수 있다(염지숙 외, 2011).

2) 교직관의 변천과 유형

'교직관'이란 교직을 바라보는 관점을 말하는 것으로 교사로서의 태도와 소명, 가치관을 포함하는 의미를 가진다. 교사가 수행하는 많은 업무 중에서 특히 중요하게 강조하고자 하는 관점에 따라 다양한 교직관이 파생된다(임부연·김성숙·송진영, 2015). 교원은 가르치는 업무를 수행하는 전문가인가? 임금근로자로서의 직업인인가? 스승이라는 천직을 지닌 성직자인가? 학계에서는 '교직관'에 대해, "전문가, 근로자, 성직자"의 관점으로 보는 견해가 일반적이다(김규태·강유정·강성복, 2014).

(1) 성직관

교사를 성직자와 같이 소명의식을 가진 직분을 수행하는 사람으로 본다. 이는 교사는 언제나 교육의 중심에 있어 왔으며, 지적으로나 도덕적으로 학생들이 본받아야 할 모델로서 수행해야 한다는 측면을 강조한다. 성직관의 교사에 대한 역할 기대는 학습자와의 관계에서 가치 있는 지식의 전달자이며, 윤리적인 모범으로서의 역할을 강조하면서 제자에 대한 한없는 사랑과 헌신, 희생과 봉사 그리고 정신적 활동에 전념해야 하고, 학생들에게 학문적으로 모범이 되어야 할 뿐만 아니라 윤리적으로도 모범을 실천해야 한다는 점을 강조한다. 그래서 성직관에 기초한 교사들은 교사의 물질적 보상, 근무형태, 인사 문제에 대한 요구 등을 세속적인 관심으로 간주하고 교사에게 어울리지 않는 것으로 생각하는 경향이 있다.

(2) 노동직관

교사를 근로자로 보는 관점이다. 근로자라 함은 '직업의 종류를 불문하고 임금·급료 기타 이에 준하는 수입에 의하여 생활하는 자'이다(「노동조합 및 노동관계조정법」 제2조의 1). 노동직관에 입각한 교사는 정신적 노동을 주로 하는 것이며, 계약에 의해 고용된 상태이므로 교사 또한 노동법에 규정하는 권리와 의무를 행사할 수 있다고 본다.

(3) 전문직관

전문직관은 성직관과 노동직관을 변증법적으로 통합한 교직관이다. 성직관은 교직의 규범성을 강조하고 노동직관은 현실적이고 기술적인 관점에 기초하였으나, 전문직관은 규범적·현실적 관점을 통합한 교직관이라고 할 수 있다. 전문직관은 교사를 고도의 지적·정신적 전문성을 실천하는 봉사자로 본다. 전문직관에 입각한 교사는 교과내용에 관한 지식과 함께 교과를 가르치는 방법에도 정통해야 하며, 개별 학생에 대한 이해를 바탕으로 최상의 학습 및 생활 지도를 실천하는 사람이다.

3) 영유아교직의 특성

영유아교직의 가장 큰 특성은 '교육'과 '보육'의 특성이 공존한다는 것이다. 영유아교직은 인간 생애에서 가장 어린 연령대의 영유아들을 대상으로 하는 직업이므로 돌보고 가르치는 일을 분리하지 않고 함께 수행하는 것이 가장 큰 특징 중의 하나이다(임부연·김성숙·송진영, 2015). 영유아교직의 특성을 정리하면 다음과 같다.

(1) 미성숙한 인간을 대상으로 하는 직업이다

교직은 인간을 대상으로 하는 직업이며, 그중에서도 교육의 대상이 무한한 가능성을 가진 영유아를 대상으로 하여 그들의 전인적 발달을 도모한다. 이러한 과정에서 교사의 인격과 가치관 및 태도가 영유아들에게 직접적인 영향을 미칠 수 있기 때문에 성숙된 사람으로서의 노력을 필요로 하는 직업이다.

(2) 영유아의 부모와 정서적 관계를 맺으며 협력해야 하는 직업이다

영유아교직은 영유아의 조화로운 발달과 건강을 위해 부모와의 협력이 요구되는 직업이다. 영유아는 생애 초기단계로서 부모와 직접적으로 정서적 관계를 맺고 있으므로, 교육기관과 부모가 상호협력을 할 때 비로소 전인적인 발달이 이루어질 수 있다.

(3) 영유아교사가 수행하는 역할이 광범위하고 역할의 경계선이 명확하지 않은 직업이다

영유아교사는 영유아의 다양한 정서적·사회적·신체적·인지적인 요구와 발달과업을 충족시켜야 하기 때문에 수행하는 역할이 광범위하며, 또한 돌보는 일과 가르치는 일의 경계를 잘 넘나들면서 영유아들에게 필요한 것이 무엇인지를 결정해야 하는 역할의 경계선이 명확하지 않은 직업이다.

(4) 교육활동에서 도덕적 갈등과 윤리적 딜레마를 겪는 직업이다

영유아교사는 교육활동에서 수없이 많은 도덕적 갈등과 윤리적 딜레마를 겪는다. 학급 내에서 일어나는 모든 상황에 대해 의사결정을 내리는 주체자이기 때문에 더욱 신중한 고려가 필요하지만, 어떠한 결정이 가장 효과적인지에 대해서는 완전한 확실성을 가질 수 없기도 하다. 영유아가 문제를 일으킨 상황에 대해서도 훈육을 해야 할지, 배려를 해야 할지 등에 관해서 갈등을 겪는 직업이라 할 수 있다.

(5) 수업에 있어서 자율성이 높은 직업이다

모든 학교에서 일정한 시기에 동일한 내용을 가르치는 초등학교와 달리, 국가 수준의 교육과정인 누리과정, 표준보육과정의 바탕 위에서 기관의 철학, 영유아의 연령, 영유아의 흥미나 특성, 지역사회의 특성 등을 고려하여 교육과정을 운영하기 때문에 수업에 있어서 교사의 자율성이 매우 높은 직업이다(박은혜, 2016).

(6) 사회적 공헌도가 높은 직업이다

영유아기는 한 개인에게 있어서 인생의 기초가 세워지는 시기이다. 이 시기의 질 높은 교육은 한 개인의 삶뿐만 아니라 사회 전체의 경쟁력을 기르는 데도 결정적인 역할을 한다. 다른 교직도 사회에의 공헌도가 크지만 영유아교육, 특히 방과 후 과정이나 어린이집의 경우에는 취업모의 자녀들을 돌본다는 측면에서 사회에 기여하는 바가 대단히 크다(박은혜, 2016).

4 21세기 바람직한 영유아교사상

교육은 미래지향적인 과업으로서 끊임없이 변화하는 시대의 흐름을 바르게 전망하면서 대처해 나가는 것이 이상적이다. 21세기 교육의 역할은 시대적 요구에 기초하여 직장과 사회에 대한 기여, 개인의 재능실현, 시민의 의무완수, 전통과 가치전달이라는 네 가지 목표를 중심으로 미래의 생활에 필요한 학습 및 혁신 기술, 정보, 미디어 정보통신 기술, 생활 및 직업 기술의 학습을 지원하는 것으로 제시되어 있다(Trilling & Fadel, 2012). 이러한 교육의 목표가 현장에서 잘 수행되기 위해서는 교사교육에서 창의적 인재 양성을 위한 새로운 교육 내용과 수업 방식으로 양성될 필요가 있고, 21세기 핵심 역량의 내용과 평가방법에도 숙달해야 하며, 디지털 네트워크에서 필요로 하는 능력을 갖출 것이 요구되고, 21세기 핵심 역량을 지도할 수 있는 교사상의 정립과 교사 역량 개발을 위한 교육지원 체계의 확립이 요구된다(박영숙, 2012).

21세기의 변화무쌍한 미래사회에 요구되는 교사상을 신극범(1979)은 다음과 같이 들고 있다. 첫째, 세계적 안목과 사회통찰력으로 정의와 진리의 수호자이어야 한다. 둘째, 교육에 대한 사명감이 충만한 인격자이어야 한다. 셋째, 폭넓은 교양과 탁월한 전공실력을 갖춘 자이어야 한다. 넷째, 철저한 교육적·교직적 식견을 끊임없이 연마하는 자이어야 한다. 다섯째, 신체적·정신적 건강과 안정을 갖춘 자이어야 한다.

영유아에 대한 교육은 다양한 분야에서 창의적으로 일하게 될 국가의 인재를 길러내는 초석이 되며, 국가의 미래를 책임지는 막중한 일임에 틀림없다. 이러한 측면에서 미래사회의 영유아교사에게는 어떤 것들이 요구될 것인가를 살펴보면 다음과 같다(박근주 외, 2011).

① 영유아교사의 리더십: 조직문화의 생성과 발달, 의사소통기술, 분석적 문제해결기술, 대인관계능력, 태도와 성향, 아동과 가족발달에 관한 지식, 재정 경영과 계획, 교직원의 발달과 장학에 관한 능력을 가지고 조직의 목표달성을 위하여 효율적이고 효과적으로 구성원을 이끌어가야 한다.

② 영유아교사의 창의성: 21세기 정치·경제의 대안으로 창의성 계발과 신장이 국가적인 과제로 자리매김되고 있다. 이에 영유아교사들이 창의성에 관한 개념 및 유형, 창의적인 환경이 무엇인지를 정리해 봄으로써 영유아의 창의성 증진에 도움을 줄 수 있다.

③ 영유아교사의 감성지능: 자신의 감정을 억제하고 다른 사람의 기분을 이해하며, 어떤 상황에서도 목표를 향해 앞으로 나아가는 능력이 요구된다.

④ 영유아교사의 상호작용: 영유아교육의 질적인 부분에 교사–영유아의 상호작용은 가장 관계가 깊은 요인이다. 교사의 적절한 행동과 태도는 영유아로

하여금 자존감을 향상시키고, 평등하다는 느낌을 갖게 하며, 다른 또래들과 긍정적으로 상호작용할 수 있는 능력을 길러준다.

⑤ 영유아교사의 자기관리: 자신의 내면을 잘 다루면서 주변 사람들과 더불어 잘 살기 위해서는 스트레스를 최소화하여 자기역량을 최대한으로 발휘해야 한다.

미래사회에 대비한 영유아교사에게는 교직의 특성에 맞는 전문직적 지식체계의 확립만으로는 충분하지 않으며, 영유아교사로서의 역할을 제대로 수행하기 위한 비지식적 전문성도 중요하다. 왜냐하면 교직은 인격체로서의 인간에 관한 관계를 기반으로 하고 있고, 학생은 '설명'의 대상이 아니라 '이해'하는 존재이고, 교직에서 만나는 인간은 생물적·역사적·사회적·이상적·인격적인 중층구조적 존재이고, 그리고 교사가 영유아에게 보여주는 지적 관심과 정직성·인간적 관심·근면성·관대함·평등·공정성·공평·자율·책무성 등은 바로 도덕성이기 때문이다. 이러한 면에서 앞으로 영유아교사가 교육활동을 수행하는 데 있어서의 핵심은 도덕적 가치, 즉 윤리라고 할 수 있으며(강원근·곽영우, 1998), 이러한 윤리의 가치들은 영유아교사가 교육활동을 수행하는 데에 필수적인 좋은 인성의 기초가 된다(조용태 외, 2016).

CHAPTER 2 영유아교사의 전문성 발달

1 영유아교사의 전문성

영유아교사는 영유아의 잠재력을 이끌어내고, 그들의 성장과 발달을 촉진하고 미래를 준비시키는 데 결정적 영향을 미치게 되므로 반드시 전문적인 지식과 기술이 필요한 직업이다.

1) 영유아교사 전문성의 개념

'전문'이라는 용어의 사전적 의미는 "어떤 분야에 상당한 지식과 경험을 가지고 오직 그 분야만 연구하거나 맡음"이다. 따라서 어떤 사람을 '전문가'라고 부를 때는 그 사람이 어떤 분야에 상당한 지식과 경험을 가지고 그 일을 잘한다는 말이다. 이렇게 어떤 특정 분야에서 그 일을 잘 수행하는 사람에게 우리는 '전문성'을 가지고 있다고 한다(염지숙 외, 2011).

전문성을 가지는 일은 업무수행에 있어서 다른 업무와 구분되는 독자적인 지식과 기술을 필요로 하는데(김희규·전상훈, 2011), 전문성을 갖춘 직업의 특성을 정리하면 다음과 같다(권건일·신재흡, 2010; Stinnett & Huggett, 1963).

- 전문화된 지식과 기술, 그리고 이를 이용한 지적활동을 요구한다.
- 장기간의 교육과 훈련, 자격증, 계속적인 현직교육을 요구한다.
- 업무수행 시 자율성과 책임감을 요구한다.
- 전문직에 상응하는 사회적인 지위와 경제적인 보상을 요구한다.
- 자신들의 권익을 보호할 수 있는 단체를 구성한다.
- 의사결정의 적절한 기준을 제시하는 독자적인 윤리강령을 가진다.

교사의 전문성은 교사로서 갖추어야 할 자질과 능력이라고 할 수 있는데, 전문성은 장기간에 걸쳐 필요한 내용을 교육받아야 하고, 폭넓은 자율성을 필요로 하지만 그에 따른 책임을 져야 하고, 자율적인 조직 체계와 전문적 지식을 갖추어야 한다(Spodek, 1975). 교사 전문성의 개념이나 특성은 연구자의 관점에 따라 다음과 같이 다양하게 정의될 수 있다.

- 교사 전문성이란 학교 현장에서 교육활동을 하는 데 필요한 전문적 능력이다(Castetter, 1986).
- 교사 전문성은 훌륭한 교사가 가지고 있는 중요한 특성이자 능력이며, 이는 사회발전에 따라 계속적으로 변화된다(OECD, 1998).
- 교사 전문성은 변화하는 교육환경에서 학생의 변화를 파악하여 학생의 교육적 필요를 충족시키고 교육적 성장을 도와주는 역량이다(한국교원단체총연합회, 2003).

교사 전문성에 관한 정의를 바탕으로, 영유아교사의 전문성이란 영유아에게 양질의 서비스를 제공하기 위해 영유아교사가 갖추어야 할 지식과 기술을 의미하는 것으로 정의될 수 있으며, 이는 충분한 경험을 바탕으로 하여 영유아교사로서의 특별한 역할을 행하는 것과 더불어 신념과 책임감이 중요하게 작용된다(오연주·한유미, 2005; 이인수, 2013). 그러면 영유아교사가 과연 전문성을 지닌 직업인지에 대해 생각해 보자. 1980년대 이후 영유아교사의 전문성에 관한 문제는 전 세계적으로 논란이 되어왔다. 반면에 우리나라의 경우에는 극히 최근에 영유아교사의 전문성에 관한 논의가 시작되었다.

전문성을 갖춘 직업의 특성에 비추어볼 때, 영유아교사직이 첫째, 전문화된 지식이 부족하고, 둘째, 전문직으로서의 사회적 인식도가 낮으며, 셋째, 사회적 지위가 낮고, 넷째, 교사 스스로도 전문직이라는 인식이 부족하다는 등의 이유로 전문직으로 볼 수 없다는 견해가 있다. 반면에 영유아교사직이 첫째, 영유아들을 위한 전문적인 교수 기술과 지식이 필요하고, 둘째, 책임이 부과되며, 셋째, 봉사 지향적이라는 등의 이유로 전문직으로 볼 수 있다는 견해가 공존한다(염지숙 외, 2011). Feeney, Christensen과 Moravcik(1983)은 현재 영유아교사직은 전문직이 되기 위해 노력 중에 있는 직종이라고 하였다.

전문직의 특성과 관련하여 영유아교사가 전문직인지 아닌지에 대한 견해는 학자마다 다양하고 상이하지만, 영유아교사를 전문직으로 받아들일 수 있는 관점을 전문직의 특성에 기초하여 제시하면 다음 <표 2-1>과 같다.

〈표 2-1〉 전문직의 특성과 영유아교사의 전문성

전문직의 특성	영유아교사의 전문성
고도의 전문화된 지식과 기술력 및 활동 수반 요구	영유아교육에 대한 전문적 지식, 임상적인 경험을 통한 실천적인 지식과 전문적인 능력 요구 및 실시
장기간의 사전 전문교육과 훈련, 자격증, 지속적인 현직교육을 요구	2~4년, 적게는 1년의 교사양성교육, 유치원 교사자격증, 보육교사자격증, 현장과의 밀접한 관계유지, 각종 영유아교육 전문단체를 통한 현직교육 실시, 높은 대학원 진학률
자율성과 책임감을 요구	교육과정운영 및 학급관리의 자율권과 책임감 요구
사회적인 지위와 경제적인 보상 요구	영유아교육기관평가와 교원능력개발평가를 통하여 영유아교육의 공교육화 진행
권익보호단체 구성 요구	영유아교사의 교권확보와 신장, 교원복지증진, 교사의 전문성 고양을 위한 전문교직단체 구성
고유의 윤리강령 요구	유치원 교사 헌장과 강령, 보육교사 윤리강령

*출처: 임부연·김성숙·송진영(2015). 유아교사론. 경기 파주: 양서원. p. 55.

영유아교사가 수행하는 교육활동이라는 직무 자체가 불명료하며, 교사의 역할도 시대와 사회에 따라 매우 다양하기 때문에 교사의 전문성의 내용 또한 분명하지 않다. 그러나 일반적으로 영유아교사가 전문성을 갖기 위해서는 바람직한 교육철학, 교육적 문제에 대한 바른 인식, 교직을 바라보는 긍정적인 태도와 감정, 때와 상황에 맞는 적절한 교수법 및 생활 지도 개선을 위한 문제해결의 능력과 기술 습득 등이 필요하다. 또한 교직에 대한 올바른 신념, 적합한 교육목표 및 교육계획 수립, 학급경영, 교과 및 생활 지도, 특별활동지도, 상황에 맞는 적절한 교육 기자재의 활용, 교육정보 획득을 위한 부단한 노력과 교육시류에 대한 관심, 학부모와 지역사회의 관계, 관련된 문제의 이해 등이 필요하다(김영한·추경진, 2010). 영유아교사의 전문성과 관련한 내용들은 고정되어 있다기보다는 영유아교사의 역할수행과 관련하여 시대와 사회의 요구에 부합하는 방식으로 그 교육적 요구에 필요한 지식과 능력들을 새롭게 정의할 필요가 있다.

2) 영유아교사 전문성의 유형

영유아교사의 전문성이란 영유아에게 양질의 보육서비스를 제공하기 위해 교사가 갖추어야 할 지식과 기술을 말하며, 이것은 충분한 경험을 바탕으로 영유아교사로서의 특별한 역할을 수행하는 것과 더불어 신념과 책임감이 중요하게 작용한다(오연주·한유미, 2005). 이렇게 볼 때 교사의 전문성은 지식만이 아니라 자질과 태도 등을 포함한 능력과 신념의 요소들을 개념적으로 내포하고 있음을 알 수 있다.

이러한 점들을 고려하여 여기서는 학습자들의 잠재능력 계발과 우수한 인재육성에 필요한 지식과 능력 및 신념을 토대로 몇 가지 측면에서 영유아교사의 전문성을 분류해 보면 다음과 같다(조동섭, 2005).

(1) 지식기반 전문성

교수–학습활동과 아동지도에 관련된 지식을 의미하는 것으로, 유아에 관한 지식, 유아교육과정에 관한 지식, 교수-학습방법과 평가에 관한 지식, 일반교양지식 등이 그 기반이 된다.

(2) 능력기반 전문성

지식을 활용하여 교육활동을 성공적으로 수행할 수 있는 수행능력과 관련된 전문성으로 교육과정 구성·운영기술, 의사소통 기술 및 상호 협력 체제 유지의 기술, 아동 및 학부모 상담 능력, 학급경영능력, 지도력 등이 그 기반이 된다.

(3) 신념기반 전문성

교직 수행과 관련한 적성, 인성, 뚜렷한 교직관과 소명의식 그리고 태도 등 교직소양과 자질에 관련된 전문성이다. 영유아교사로서의 적성과 바람직한 인성의 구비, 교육목적과 학생 교육에 대한 뚜렷한 신념, 교사를 천직으로 여기고 그 사명을 소명으로 실천하는 정신력, 교사로서의 긍지과 자신감, 정의로움과 공정함을 가지고 영유아들을 대우하고 애정과 열정으로 지도하는 성실하고 정직한 태도 등이 그 기반이 된다.

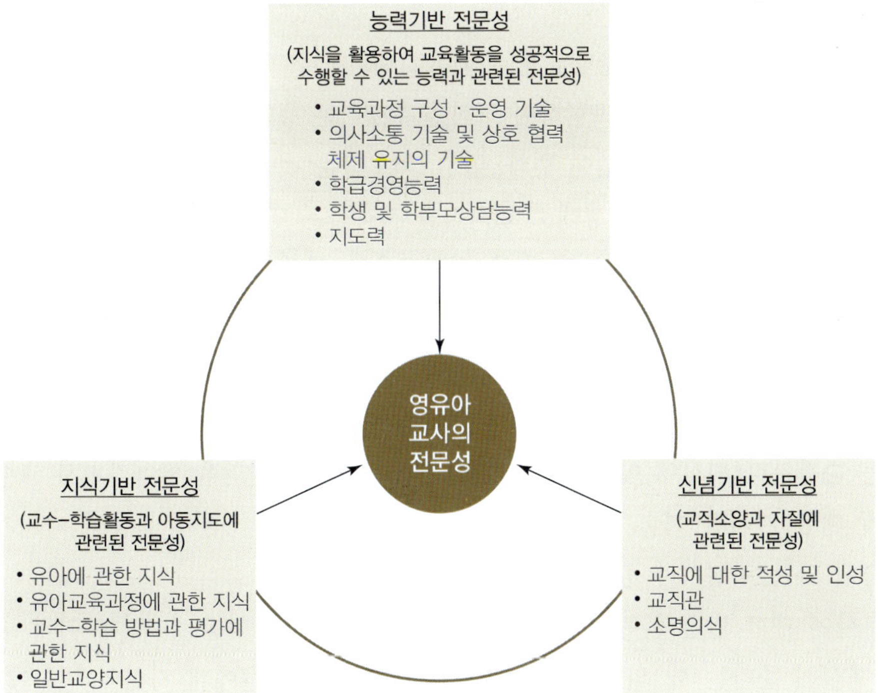

[그림 2-1] 영유아 교사 전문성의 유형

이 외에도 교사 전문성의 유형은 연구자마다 초점을 어디에 두느냐에 따라 달라질 수 있는데, 강용원·김정희(2004)는 교수학습지도, 생활지도, 특별활동지도, 학급경영으로 분류하였으며, 정태범·강환국·이수임(2000)은 학습자의 파악능력, 교과내용 구성능력, 학습자료 개발능력, 교과 지도능력으로 규정하였다.

영유아교사는 인생에서 결정적으로 중요한 시기에 있는 영유아들을 양육하고 교육함으로써 사회에 지대한 영향을 미치는 중요한 역할을 수행하고 있다는 측면에서 영유아교사로서 전문적 지식, 능력, 신념, 그리고 자질과 미덕을 갖추어 가도록 부단히 노력해야 한다.

2 영유아교사의 발달단계에 따른 전문성 발달

1) 교사발달의 개념과 중요성

교사는 한 인간으로서 끊임없이 성장하고 변화한다. 이러한 관점에서 교사의 발달이란 교직 이전 시기를 포함하여 교직을 수행하는 동안 교사의 지식, 기술, 행동 및 태도, 기대, 그리고 직업이 변화, 발전, 퇴보하는 것을 의미한다(노길영, 2000).

실제로 모든 것을 갖춘 상태로 교사직을 시작하는 영유아교사는 많지 않다. 예비 영유아교사들은 많은 시간 동안 직전교육을 통해 영유아교사로서 갖추어야 할 기본적인 소양과 자질을 갖추고 있을지라도 교사생활을 하는 동안 지속적으로 다양한 형태의 재교육과 새로운 경험을 통해 발달을 계속해 나가야 한다(최윤아, 2015). 따라서 영유아교사발달이란 교직 이전 시기를 포함하여 교직에 임용되는 순간부터 퇴직에 이르는 전 과정을 통해 다양한 경험을 쌓아가면서 교수방법에 대한 지식과 기술, 신념과 행동이 변화·발전되면서 점차 적응해 나가거나 성숙해 가는 과정이라 할 수 있다.

교사에 대한 발달적 관점은 교사 자신에게 학습을 강화할 수 있는 여러 방안을 제시해 준다는 데 의미가 있으며(Katz, 1985), 교사들에게 자신의 변화에 있어서 어떤 역할을 취해야 하는가를 알려주고, 교사교육자들에게는 교사들의 발달과정을 이해하고 그들을 위한 교육을 계획하고 순서화하는 데 도움을 준다(Feiman & Folden, 1981). 교사발달의 관점이 교사교육에 주는 중요성을 정리하면 다음과 같다(임부연·김성숙·송진영, 2015).

- 교사 자신에게 교사로서의 발달 특성 및 견해를 이해하도록 하여 교사 스스로 그에 적합한 교사교육을 경험하도록 돕는다. 즉, 교사발달의 관점은 교사가 발달단계에 따른 전문적 목표를 설정하는 데 도움이 된다.
- 교사로 하여금 지속적인 학습자로서 스스로 자기 갱신(self-renewal)의 전략을 발달시킬 수 있도록 돕는다. 예를 들어 독서하기, 동료들과 상의하기, 수업향상을 위해 다양한 교수자원을 활용하기, 교직관련 전문단체에 참여하기 등이 자기갱신의 전략이 될 수 있다.
- 경력교사로 하여금 초임교사들에게 지지와 격려, 정보를 제공해 주고 발달을 촉진시켜 주고자 하는 동기를 갖게 한다.
- 교사로서 자신의 발달에 대해 이해하지 못한 교사는 영유아의 발달을 이해하기 어려우며, 자신의 발달에 적합한 방법으로 교육을 이끌어가기 쉽지 않다.

교사의 전문성 발달단계에 대한 연구는 1969년 Fuller가 교사의 주요 관심사를 중심으로 실시한 이후 꾸준히 이루어져 왔다(Reiman & Thies-Sprintall, 1999). 교사 발달단계는 교사들의 성장과 발달이 일정한 단계에 따라 직선적·순차적으로 발달한다는 이론과 교사의 발달은 누구에게나 일정한 유형으로 발달하기보다는 경력과 연령이 비슷한 교사라 하더라도 교사 개개인의 성장배경이나 자질, 환경에 따라 발단단계의 유형이 다르게 나타날 수 있다고 보는 이론으로 나누어진다(강경석·김영만, 2006).

2) 영유아교사 전문성 발달 이론

교사의 전문성 발달이란 교직이라는 직업을 선택한 인간이 교사라고 하는 역할을 통하여 발달해 나가는 것이다(이윤식, 1999; 조부경·백은주, 2004). 영유아교사의 전문성은 고정되어 있는 것이 아니라 지속적으로 발달해가는 것이 중요하다는 관점에서 교사의 발달에 대한 논의가 이루어지고 있다.

(1) Fuller의 관심사 발달 단계

Fuller(1969)는 최초로 교사의 관심사를 연구하여 개념화한 학자이다. 초창기에 Fuller는 교사의 관심사를 지각된 문제나 걱정이라고 정의하였으나, 이후 후속 연구를 통하여 "교사의 구조적인 좌절, 기대 또는 특별한 상황에서의 노력"이라고 정의하였다.

Fuller가 제시한 교사의 발달은 직선적·순환적인 과정으로서, 교사 관심사는 앞선 관심사가 해결되지 않으면 다음 단계의 관심사는 나타나지 않는다는 것이다. 초임교사가 경력이 많은 교사보다 자기 자신에 대한 자아 관심사를 더 많이 가지고 있으며, 자신에 대한 문제가 해결되고 나면, 학생과 교수 상황에 관심을 보인다는 것이다. Fuller의 발달과정을 정리하면 다음의 <표 2-2>와 같다.

〈표 2-2〉 **Fuller의 관심사 발달 단계**

발달과정	교사 관심사
교직 이전 관심사 단계	막연하고 불안한 기대, 교사보다는 학생에게 관심을 보임, 교사에 대한 환상을 가짐
생존에 대한 초기 관심사 단계	교사 자신의 생존, 학급통제, 교수내용에 대한 숙달, 장학사의 평가 등에 대한 관심
교수 상황 관심사 단계	다양한 교수 상황에서 겪게 되는 현실적인 한계와 좌절 속에서 자신의 교수행위에 관심을 가짐
학생에 대한 관심사 단계	영유아의 발달·학습, 사회·정서적 요구, 학생에 대한 개인적 관계 및 상호작용 등에 관심을 가짐

*출처: Fuller, F., & Brown, O.(1975). Becoming a teacher. In K, Rayn (Ed.), *Teacher Education*(The Seventy-Fourth NSSE Yearbook). Chicago: University of Chicago Press.

(2) Katz의 관심사 발달이론

교사들의 성장과 발달이 일정한 단계에 따라 직선적·순환적으로 발달한다는 주장의 대표적인 학자는 Katz(1972, 1985)이다. 그는 Fuller의 교사 관심사 발달 이론을 확장하여 발달단계를 교사경력에 따라 4단계로 구분하였다. 첫째, 교직생활 첫 1년에 해당하는 생존기, 둘째, 교직에 입문하여 1년 말에서 3년 사이의 시기로서 교직생활에서 어느 정도 안정감을 느끼고 자신감도 얻게 되는 강화기, 셋째, 교직경력 3년에서 5년의 교사들에게 해당하는 시기로 같은 일을 반복하는 것에 싫증을 느끼면서 새로운 아이디어나 교수법을 시도하게 되는 갱신기, 넷째, 교직생활 5년 이상에 해당되며 교육과 교직에 대한 전반적이고 추상적인 문제들에 대한 통찰력과 안목을 가지게 되는 시기인 성숙기로 나누었다. Katz는 각 단계를 교사경력에 따라 구분하였으나, 실질적으로는 교사 개인의 특성, 상황 변인 등에 따라 발달단계는 다르게 나타날 수 있다.

교사 발달 단계	훈련 요구
4단계: 성숙기 (5년 이상)	세미나, 학회 참가, 대학원 학위과정, 다양한 분야의 전문가들과의 만남
3단계: 갱신기 (3년~5년)	워크숍, 전문단체, 저널, 학술지, 시범 프로젝트, 교원센터 방문
2단계: 강화기 (1년말~3년 사이)	전문가와의 접촉, 동료교사의 충고, 상담 등을 통한 도움
1단계: 생존기 (교직생활 첫 1년)	현장에서의 지원과 기술적 도움

0 1 2 3 4 5 (년)

*출처: Katz, L. G.(1972). Developmental stages of preschool teachers. *Elementary School Journal*, 73(1), 50-54.

[그림 2-2] Katz의 영유아교사 발달단계와 훈련요구

(3) Burke와 동료들의 교사발달 순환모델

반면에 Burke, Christensen과 Fessler(1984)는 교사의 발달은 교직 경력뿐만 아니라 개인적인 영역과 조직적인 영역의 영향을 동시에 받아 발달단계의 유형이 다르게 나타난다고 주장한다. 이들은 단계의 개념을 도입한 '교사발달의 순환모델'을 주장하였다.

이 모델은 교사가 시간이 경과하면 자연적으로 좋은 교사가 되는 것이 아니며, 모든 종류의 경험이 누적된다고 해서 교사의 질적인 수준 향상이 자동적으로 보장되는 것도 아니라는 점을 강조한다. 즉 교직주기가 한 단계 후 반드시 다음 단계를 거치거나, 모든 단계를 거쳐야 함을 의미하지 않으며, 한쪽 방향으로만 진행되는 단선적 변화도 아니다. 예를 들어 좌절 단계에 있는 교사가 전문적 성장을 위한 노력을 통해 앞 단계인 열중과 성장의 단계로 되돌아 갈 수 있다는 것이다(염지숙 외, 2011).

따라서 교직주기는 교사들이 가르치는 일에 종사하면서 겪게 되는 경험을 단계로 구분하여 설명한 것이며, 모든 교사들은 각기 다른 모습으로 교직생활을 하게 된다(임부연·김성숙·송진영, 2015).

〈표 2-3〉 교사의 교직 주기 단계

교직 주기 단계	내 용
교직 이전	대학에서 교사가 되기 위해 교육받는 시기
교직 입문	교직 입문 후 3년 차까지 교사로서 생존하고자 노력함
능력 구축	새로운 교수자료, 방법, 전략 등 교수행위와 관련된 기술 증진에 집중함
열중과 성장	교직 수행에 높은 수준의 만족도를 가짐, 전문가로서 계속적인 발전을 추구함
좌절	교직수행에 좌절감 느낌, 직무만족도가 낮아지고 교직이직률이 높아짐
안정과 침체	최소한의 교사역할을 수행, 현실에 안주하려고 함
교직 쇠퇴	은퇴 준비, 은퇴를 긍정적 혹은 부정적으로 받아들임
교직 퇴직	휴직, 은퇴, 이직, 대안 찾기

*출처: Burke, P. J., Christensen, J. C., Fessier, R., McDonnell, J. H., & Price. J. R.(1984). *The teacher career cycle: Moral development and research report*. Association, Washington, D. C.(ERIC Document Reproduction Service No. ED 289 846).

(4) 교직 주기 발달에 영향을 주는 요인

영유아교사의 전문성 발달과 성장은 효율적인 교사직 수행을 위한 필수과정으로서(Rodd, 1994), 단순히 기술적인 측면의 발달을 의미하는 것이 아니다(Reiman & Thies-Sprinthall, 1999). 영유아교사의 전문성은 환경과 주어진 과정에 적응하는 과정에서 배우는 생각과 행동, 태도와 실제 경험이 향상되고 성장되는 것을 의미한다(Katz,1995).

Fessler & Christensen(1992)은 교사의 발달이 교직경력뿐만 아니라 개인적 요인과 조직적 요인이 동시에 교사의 생애 주기에 영향을 미침으로써 교사발달이 이루어진다고 주장한다.

구체적으로 교직발달에 영향을 주는 개인적 요인과 조직적 요인을 제시해 보면, 첫째, 개인적 요인은 교사 개인의 가정적인 배경과 긍정적 사건, 위기적 사건, 과거의 경험, 개인적인 관심사 및 성향을 포함한다. 둘째, 조직적 요인은 교사의 생활과 직접적으로 관계 있는 기관의 규정, 경영 형태, 신뢰감 등을 포함한다. 기관보다 더 거시적인 차원의 사회적 기대나 교사의 전문성 신장을 도와주는 전문 단체 및 교원 노조의 역할도 크게 작용한다(박은혜, 2016).

〈표 2-4〉 **교직 발달에 영향을 주는 요인**

구 분	범 주	내 용
인적 요인	가 정	가정 내 지원체계, 가정 내 역할기대, 재정상태, 가족 수, 가족들의 특별한 요구
	긍정적 사건	결혼, 자녀의 출생
	위기적 사건	사랑하는 사람의 병이나 사망, 자신의 병, 재정적 손실이나 법률적 문제, 이혼, 가정 내의 핍박, 친구나 친척의 어려움
	개인적 경험	교육적 배경, 자녀와의 경험, 영유아교육기관 이외의 개인적인 일, 다양한 교직 활동, 전문적 발달을 위한 활동
	개인적 관심사	취미, 종교 활동, 자원봉사 활동, 여행, 스포츠와 체력관리
	개인적 성향	개인의 목표와 포부, 개인의 가치관, 인생에서의 우선순위, 다른 사람과의 관계, 지역사회에 대한 느낌
조직적 요인	기관 규정	인사정책, 종신 임용제도, 자격 요건, 교육과정 운영의 자율성, 맡은 영유아들의 연령
	기관 경영 형태	분위기, 교육철학의 일치 정도, 의사소통 방식
	신뢰감	후원적인 분위기, 교사에 대한 신뢰, 재정적인 후원
	영유아교육기관에 대한 사회적 기대	영유아교사에 대한 사회적 이미지, 영유아교육기관과 관련된 법령
	전문단체	관련 학회의 방향, 학회에서의 활동 및 참여, 학회에서 제공하는 정보
	교원노조	후원적인 분위기, 보호 및 안정감, 교육위원회 및 교육행정가와의 관계

*출처: 박은혜(2016). 유아교사론. 서울: 창지사. pp. 309-310.

영유아교사는 영유아 개인의 다양성 및 개인차를 가치 있게 여기고, 존중해야 하며 효율적인 업무수행을 위해 전문적인 훈련을 거쳐 전문가로서의 교사역할을 수행해야 함은 물론 끊임없는 자기 향상을 위한 노력이 요구된다(이향, 1996; 주소언, 2012).

3 영유아교사 전문성 발달과 교사교육프로그램

교사의 전문성은 교사 자신의 개인적인 노력뿐만 아니라 사회적 차원에서의 체계적이며 포괄적인 지원 속에서 지속적으로 발달되어 간다. 즉 영유아교육의 질적 향상을 위해서는 교사들의 전문성 발달의 고취와 함께 그들이 자신의 전문성을 충분히 발휘할 수 있는 환경을 제공해 주어야 한다(백혜리, 1989).

최근 교사교육의 흐름은 교사도 영유아와 마찬가지로 교직 전 기간에 걸쳐 성장과 변화의 과정을 거치므로 획일화된 교육을 통해서는 교사의 전문성을 향상시킬 수 없고, 각 교사의 특성 및 교육에 대한 요구 등을 현직교육프로그램에 반영하여 실시해야 한다는 것이다(Labaree, 2000). 현직교육은 지식과 사회가 급속히 변화하는 가운데서 영유아교사들에게 직전교육 못지 않게 중요하며 그들의 전문적인 능력과 자질을 개발하게 하여 계속적으로 성장·발달하게 하고, 사회변화에 적응할 수 있도록 하는 역할을 한다(강유정, 1999).

이와 관련하여 Katz(1985)가 교사교육에 교사의 전문성 발달을 고려하는 것이 어떠한 면에서 중요한가를 몇 가지로 제시하였는데, 이를 살펴보면 다음과 같다. 첫째, 교사가 자신을 스스로 발달해 가고 있는 존재로 인식하게 된다는 것이다. 그러므로 교사들은 현재의 위치에서 자신의 능력을 평가하고 미래를 예측하며 발달단계에 따른 단계적인 목표를 설정할 수 있게 된다. 둘째, 교사가 자신을 갱신할 새로운 전략과 절차를 개발할 수 있게 된다는 것이다. 예를 들면, 독서하기, 다른 동료 및 전문가와 상담하기, 수업향상을 위한 다양한 자원 활용하기, 전문적 단체에 참여하기, 학위과정에 등록하기 등을 통해 스스로를 갱신할 자신감을 가질 수 있게 된다. 셋째, 동료 교사들의 행동을 발달적 관점으로 볼 수 있게 됨으로써, 자신이 오래전에 겪었던 문제로 고민하고 있는 초임교사들을 지지 및 격려하고 유용한 정보를 제공해 주며 전문적 성장을 촉진시켜 주고자 하는 동기를 갖게 된다.

미국, 일본, 뉴질랜드와 같은 국가들에서는 교사의 성장·발달 단계, 경력, 교육에의 요구를 반영하여 교사를 위한 현직교육프로그램이 운영되고 있다. 특히 미국과 뉴질랜드의 경우에는 대학교나 교육센터에서 다양한 교사교육프로그램을 상시 개설하고 있어서 교사 자신이 자율적으로 참여하여 연수를 받을 수 있게 하고 있다. 이러한 자율연수가 교사 자신의 전문성 신장은 물론 상위 자격 취득과 연결되도록 하고 있어 교사교육 효과의 극대화를 도모하고 있다(한국학술진흥재단, 2004).

우리나라의 경우에는 교사들이 현직교육의 기회가 적고 과중한 업무와 시간부족, 경제적인 부담, 시기·장소의 부적절함으로 인해 참여하기를 어려워하고 있으며(이민선, 2003), 개인적 특성을 고려하지 않은 설명·강의 위주의 집단 교육으로 인해 교육의 효과도 크지 않은 문제점을 가지고 있다. 교사교육을 통한 영유아교사의 전문성 발달을 위해서 앞으로는 현장중심의 연수, 학교중심의 연수, 연수기간과 형태의 다양화, 교직경력에 따른 체계적인 교사교육과정의 제공 등이 더욱 요구된다.

CHAPTER

3 영유아교사의 자질과 역할

1 영유아교사의 자질

1) 영유아교사의 자질에 대한 관점

좋은 교육 내용과 방법이 개발되어 전수되고 교육환경이 최적의 상태를 갖추었다 해도 교사의 자질이 낮으면 교육효과를 기대하기 어려우므로 교사의 자질은 교육에서 가장 중요하다(김용조, 2001). 자질의 사전적 정의는 타고난 성품이나 소질이며, 어떤 분야의 일에 대한 능력이나 실력의 정도를 뜻하기도 한다. 교사자질은 영어의 'qualification(자격)'과 'quality(질, 특성)'를 포함하는데, 즉 교사에게 요구되는 교육수준과 육체적·사회적·정신적 특성을 의미하며, 역할을 수행하기 위해 필요한 지식, 기술, 품성 및 태도 등으로 구분할 수 있다(신극범, 1979).

교사의 자질에 대한 정의는 그 사회의 교육관과 교사의 역할에 대한 기대에 따라서 달라지기 때문에 정의하기가 어렵고, 학자에 따라 다양하게 정의되고 있다. 몇몇 학자의 교사자질에 대한 정의를 제시하면 다음과 같다.

- 교사라는 직업이 일반적으로 요구하는 특성으로, 전통적으로는 인격적 조건이 강조되었으며, 오늘날에는 인격적인 부분과 함께 교사의 지식과 기술 또

한 높게 기대된다(서울대학교 교육연구소, 2011).

- 아동에 대한 이해를 하기 위해 교사에게 기대되는 교사 개개인의 전문직으로서의 역량에 관한 특성의 총체(신옥순, 1994)
- 아동의 지적·사회적·정서적·신체적 발달을 촉진하는 교사의 태도, 이해, 기술 및 행동, 혹은 교직에서 요구되는 기능을 수행해 낼 수 있는 교사의 능력(유대근, 2007)

여러 학자들의 정의에서 보듯이 교사자질은 전문적 능력과 동일한 개념으로 파악되고 있으며, 기능, 인성, 태도, 교직 전문성과의 결합에 의해 형성된다고 볼 수 있다(김선남, 2003; 오은주, 2009). 어떤 교사를 훌륭한 교사로 보느냐 하는 것은 교육철학 또는 교육관에 따라서 달라진다. 즉 어떤 교육관을 갖느냐에 따라 교사의 역할, 교사와 학생의 관계, 교사에게 필요한 자질도 달라지게 된다. 여기서는 교사의 자질을 네 가지의 관점에 기초하여 살펴본 후, 영유아교사에게 필요한 자질에 대해서 고찰해 보기로 한다(김윤태·서정화·노종희, 1984; 김기태·조평호, 2004; 권건일·신재흡, 2006).

(1) 본질주의 교육관에 따른 교사의 자질

본질주의는 인간의 문화유산 가운데 본질적인 요소를 추출하여 이를 다음 세대에 전달하는 것을 본질로 하고 있다. 이들은 문화유산이나 진리로 표현되는 지식을 전달하는 것을 교육으로 보고 있으며, 이러한 관점에서 훌륭한 교사는 지식을 잘 전달하고 인격적 감화를 줄 수 있는 능력이 있어야 하며, 사회적으로 통제할 수 있는 능력을 가지며, 권위가 있어야 한다고 본다. 전통주의의 관점에서 교사는 첫째, 지식의 전달자로서의 자질, 둘째, 인격적 감화자로서의 자질, 셋째, 사회적 통제자로서의 자질, 넷째, 권위자로서의 자질을 구비한 것으로 보고 있다.

(2) 진보주의 교육관에 따른 교사의 자질

진보주의는 교수행위보다는 학습행위에 초점을 맞추고 학습자중심의 교육으로 생활적응 교육을 강조하며, 아동들의 개성존중을 비롯하여 흥미와 욕구를 존중할 것을 강조한다. 진보주의는 교사와 학생을 사회적 목적에 비추어 구안된 지식의 창조자로 봄으로써 문제해결과정의 민주적 지도자로서 교사의 자질을 강조한다. 진보주의에서 강조하는 교사의 자질은 첫째, 아동의 욕구와 흥미를 찾아내어 학습활동의 동기를 활용하는 능력, 둘째, 친절한 조언자, 협조자, 민주적 지도자로서의 역할, 셋째, 사회생활의 지속적인 변화에 성공적으로 적응할 수 있도록 교육 내용과 방법을 수정하고 보완하는 능력, 넷째, 아동중심적 문제해결, 가설 도출식 교육방법을 활용하는 능력, 다섯째, 학급을 민주적 문제해결집단으로 조직·운영하는 능력이다.

(3) 학문중심주의 교육관에 따른 교사의 자질

학문중심주의자들은 학문을 중요한 지식원으로 보아 학문의 유용성을 높이기 위한 지식의 구조와 탐구 또는 발견학습을 강조하였다. 또한 인간을 정보처리적 존재로 보아 교사와 학생 모두를 마치 학자처럼 학문지향적이기를 요구한다. 하지만 학문중심주의에서는 지식 자체가 내적인 동기를 유발한다는 측면을 제외하고는 학생들의 정서문제를 다루지 않는다. 따라서 교사에게는 지적인 기능이 보다 중시되었고 상담자, 안내자, 부모 대리자 등의 역할은 약화되었다. 학문중심주의에서 요구하는 교사의 자질은 첫째, 가르칠 교과의 기본 구조와 새로운 지식에 정통한 능력, 둘째, 발견, 앎 등 내적 보상의 학습동기와 지적 흥분을 유발시킬 수 있는 능력, 셋째, 다양한 학습방법과 자율학습을 중시하는 학습관, 넷째, 탐구방식에 의거하여 아동들을 학문의 실제로 유도하는 학문실천가로서의 아동관, 다섯째, 사실이나 정보를 기본으로 새로운 정보를 창출할 수 있는 정보관, 여섯째, 분석적 사고와 직관적 사고를 요구한다.

(4) 재건주의 교육관에 따른 교사의 자질

교사는 교육을 통하여 학생들이 사회에서 마주치게 될 문제들을 분석하고 해결할 수 있도록 준비시킬 수 있어야 하며, 인종이나 종교가 다른 집단 사이에 긍정적·협조적 관계를 증진시킬 수 있어야 한다. 또한 교사는 정치에 관심을 갖고 참여할 수 있어야 하며, 독서지도를 강조한다(송광용, 2007).

(5) 인간중심주의 교육관에 따른 교사의 자질

과학과 기술이 고도로 발달하는 고도산업사회에서 인간성의 발달은 과학기술의 발달속도에 따르지 못하거나 도리어 역행하고 있다. 따라서 오늘날 교육자는 인간성 회복, 인간성 계발에 총력을 기울이는 교육을 해야 한다고 주장한다. 인간중심주의에서 강조하는 교사의 자질은 첫째, 진실된 교사, 둘째, 한 개인으로서의 아동에 대한 존중, 공감적 이해, 본질적인 교육적 애정으로 구비한 교사이다.

이처럼 교육적 사조의 흐름에 따라 요구되는 교사자질에 대한 특성은 조금씩 차이가 있지만 기본적으로 전문적 영역에 있어 교직에 대한 바람직한 태도와 가치관, 교직 수행에 필요한 지식 및 이해와 교수 기술 능력을 가져야 하고, 개인적 영역에 있어서도 건전한 인성과 품성, 정신적·신체적 건강 등 바람직한 특성을 갖추어야 함에는 변함이 없다고 볼 수 있다.

2) 영유아교사에게 요구되는 자질

좋은 교사란 교사에게 요구되는 인간적인 특성과 전문적인 특성, 즉 교사의 자질을 갖춘 교사라고 할 수 있다. 자질을 갖춘 좋은 교사는 자신의 역할과 직무에 대한 만족도가 높으며, 자신의 역량을 발휘하면서 자질의 향상을 가져오도록 노력한다. 자질을 갖춘다는 것은 저절로 이루어지는 것이 아니라 끊임없는 노력과 실천을 통해 얻어지는 것이다(박선아·문승연·김춘희·이정아·최인숙, 2016). 또한 긍정적인 사고를 하는 교사일수록 직무만족도가 높고, 교사 직업을 지속적으로 가질 가능성이 높다(조부경·고영미, 2003).

황정규·윤정일·서정화·송광용·이윤승(1995)은 교사의 자질을 성향에 따라 가치관과 태도, 인성 및 품성, 교과지식 및 기술, 일반적 능력, 신체적 측면으로 구분해 교사의 자질을 설명했다.

〈표 3-1〉 교사의 자질

구분	내용
가치관과 태도	준법정신 및 공동체 의식, 교직 및 교육활동에 대한 열의, 학생에 대한 애정과 인간존엄성에 대한 인식 등 보편적 가치에 대한 태도
인성과 품성	공정성, 책임성, 개방성, 협조성, 정서적 안정성, 도덕성, 봉사성, 바른 예절
교과지식 및 기술	전공 및 일반 지식, 수업기술, 학생생활 지도, 학습자 이해, 학급관리 능력 등의 교직능력
일반적 능력	폭넓은 교양과 상식, 표현능력, 언어능력, 창의적 사고 및 판단능력, 심미적 능력
신체적 측면	질병 없는 신체적 건강, 정신적 건강, 깨끗하고 단정한 용모

영유아교사의 자질이 중요한 이유는 영유아교육기관인 어린이집이나 유치원에서 영유아들과 대부분의 시간을 함께 보내며 직접적인 영향을 미치는 성인이 교사이기 때문이다(신화연, 2014). 전국보육실태조사(서문희·양미선·김은설·최윤경·유해미·손창균·이혜민, 2012)의 연구에 의하면, 만 3~5세 유아들의 어린이집 이용 시간은 평균 7시간 34분이며, 유치원 이용 시간은 평균 7시간 12분으로 나타났다. 이런 상황에서 영유아기의 발달적 특성상 장시간 영유아와 함께 하는 교사의 영유아에 대한 영향력은 매우 크다고 할 수 있다. 영유아교사는 영유아들의 특성으로 인하여 조금 다른 측면의 자질이 필요하다. 영유아교사의 자질이란 영유아교사가 갖추어야 할 개인적 특성과 사회적 가치관을 중심으로 한 규범적 기대수준을 의미하는 것으로 영유아 교육현장과 교수활동에 적합한 개인적 가치관과 태도의 질을 말한다(박근주 외, 2011).

이은화·배소연·조부경(2006)은 영유아교사의 자질을 개인적 자질과 전문적 자질로 구분하였다. 영유아교사의 개인적 자질은 교사역할의 수행에 요구되는 기본적인 측면으로 교사가 발달적으로 가지고 있는 특성을 의미하며, 교사로서의 역할을 수행하는 데 필요한 인성적인 특성을 말한다. 영유아교사가 지녀야 할 개인적인 자질은 다음과 같다(이은화·배소연·조부경, 2006; 김현자·김혜금·이상희, 2012; 박은혜, 2016).

- 신체적·정신적 건강: 영유아는 활동성이 강하고 주변에 대한 호기심이 강하여 탐색하는 것을 좋아하기 때문에 교사도 같이 활동해야 하며, 교실 안에서 일어나는 모든 일은 교사의 역량에 따라 차이가 나타나므로 신체적·정신적으로 건강해야 한다.

- 온화한 성품: 영유아교육기관은 영유아가 처음으로 가정을 떠나 집단생활을 경험하는 곳이므로 교사의 온화한 성품과 수용적인 태도는 낯선 환경에서 느끼는 불안감을 덜어주고 정서적으로 안정감을 갖게 한다.
- 인내심: 영유아의 바람직한 행동으로의 변화는 항상 많은 시간과 노력이 필요하므로 영유아교사는 서두르지 않고 인내심을 가지고 기다릴 줄 알아야 한다.
- 열정: 교사는 영유아뿐 아니라 자신의 삶에 의욕을 가지고 최선을 다하여 교직에 임해야 한다. 자신이 맡은 바 임무에 최선을 다하는 교사의 성실하고 열정적인 태도는 영유아에게 좋은 모델링이 될 수 있다.
- 영유아에 대한 사랑: 영유아는 교사에게 사랑을 받을 때 안정감과 긍정적 자존감을 발달시킬 수 있다. 영유아에 대한 사랑을 지닌 교사는 영유아를 인격체로 존중하고 영유아가 건강하고 바르게 성장·발달할 수 있도록 돕는다.
- 원만한 인간관계: 교사는 같이 근무하는 동료 교사들과 상호협력관계를 유지해야 하며 원장과도 원만한 관계를 유지하여야 한다. 또한 부모들과 우호적인 관계가 형성되고 유지되어야만 영유아들에게도 교육적 효과를 기대할 수 있다.

영유아교사의 전문적 자질은 일반적으로 직전교육을 통해 습득되고 현직교육을 통해 향상되는 자질이며, 교사가 추진하는 업무 자체에 관련된 것으로 영유아교사의 전문적 자질은 다음과 같다(이은화·배소연·조부경, 2006).

- 전문적인 지식: 영유아교사는 영유아의 성장과 발달에 관한 지식, 유치원 교육과정에 관한 지식, 교수-학습 방법과 평가에 관한 지식, 일반교양 지식 등을 갖추어야 한다.
- 교수기술: 영유아교사는 교육과정을 구성하는 기술, 창의성과 융통성을 가지고 교육과정을 운영하는 기술, 교재·교구를 제작하여 활용할 수 있는 기술, 프로그램을 실천하고 평가하는 기술, 의사소통기술 및 상호협력체제 유지를 위한 기술 등을 갖추어야 한다.

- 교육관과 직업윤리: 영유아교사는 직업에 대한 긍정적인 전망과 직업윤리 및 교육에 대한 소명감을 갖추어야 하며 자신의 전문성 함양을 위해 노력할 뿐만 아니라 동료교사와의 상호작용 및 공동체 의식을 갖추어야 한다.

여러 학자들의 의견을 종합하여 이은화·배소연·조부경(2006)은 영유아교사의 자질을 다음 <표 3-2>와 같이 제시하였다.

〈표 3-2〉 영유아교사의 자질

개인적 자질		전문적 자질		
인성	건강	지식	교수기술	교육관
• 영유아에 대한 사랑 • 인간에 대한 사랑 • 성실성 • 봉사성 • 자발성 • 도덕성 • 원만한 인간관계	• 신체적 건강 • 정신적 건강 - 긍정적 자아관, 타인에 대한 긍정적 사고, 건전한 인생관, 정서적 안정	• 일반 교양 지식 • 교육과정에 대한 지식 • 교수방법 및 평가에 대한 지식 • 영유아에 대한 지식	• 교육과정 구성 기술 • 프로그램 실천 및 평가 기술 • 의사소통기술 • 부모, 전문가 참여 기술 • 창의성 • 융통성 • 교재·교구제작 및 활용 기술	• 교육에 대한 소명감 • 직업윤리 • 전문성 함양 노력

*출처: 이은화·배소연·조부경(2006). 유아교사론. 서울: 양서원. p. 47.

영유아교사로서의 자질을 갖춘 교사는 자신의 역할과 직무에 대한 만족도가 높으며 자신의 역량을 발휘하면서 자질의 향상을 가져오도록 노력한다. 자질을 갖춘다는 것은 저절로 이루어지는 것이 아니라 끊임없는 노력과 실천을 통해 얻어지는 것이다(문혁준·안효진·김경회·김영심·김정희·김혜연·배지희·서소정·이미정·이희경·정다운·조혜정, 2016). 영유아교사로서의 자질을 갖추고 발전시켜 나가기 위해서는 긍정적인 인성을 스스로 형성해 나가도록 노력해야 할 것이며, 교사양성과정에서의 직전교육과 현직에서의 경험과 그 경험에 대한 자기성찰을 통해 영유아교사에게 필요한 기초지식과 전문적 지식을 습득하고 향상시켜 나가도록 부단히 노력해야 할 것이다.

2 영유아교사의 역할

1) 역할의 개념

역할이란 사회에서 특정한 지위에 있는 사람들이 의식적으로 수행하고 다른 사람들에 의해서도 인정을 받고 있는 포괄적인 행동양식을 의미한다(곽영우·권상혁·서정화·신통철·최성락·하상일·황의일, 1997). 교사라는 직업은 다양한 역할이 요구되는 대표적인 직종 중의 하나로, 영유아를 담당하는 교사에게 기대되는 역할은 숙련된 기술에서 일상적 잡무까지 셀 수 없을 만큼 다양하다(문혁준 외, 2016).

교사의 역할은 교육현장에서 교사의 지위를 내포한 용어로서, 교사가 담당해야 할 역할 행동, 교사들에게 거는 기대 등을 의미한다. 따라서 영유아교사의 역할은 영유아에게 요구되는 보호와 교육이 수행 가능하도록 사회나 영유아교육기관에서 교사라는 지위를 가진 사람에게 요구되는 생각과 행동유형 및 활동수준을 의미한다.

영유아교사가 어떤 역할을 해야 하는가에 대한 관점은 시대에 따라 변화되어 왔다. 역할이라는 것이 사회의 구성원들이 합의하는 것이기 때문에 사회의 구성원들이 가지고 있는 요구, 가치관, 아동관, 교육관 등이 바뀌면 달라질 수 있고 또 당연히 달라져야 한다. 초기의 영유아교사는 단순히 어머니의 역할과 다르지 않다고 보았기 때문에 영유아들의 건강과 안전을 돌보아주는 것이 주된 역할이라는 관점에서 인식되었으나, 영유아기의 중요성에 대한 연구들이 등장하면서 영유아기에 보호 이상의 다양한 경험과 자극을 주어야 한다는 측면에서 가르치는 교사로서의 역할을 강조하게 되었다. 그러나 이 두 역할은 별개의 것이 아니라 동시에 이루어져야 한다는 특징을 가지고 있다.

2) 영유아교사의 역할

영유아교사의 역할은 나라마다 다를 수 있고, 같은 나라라고 하더라도 지역마다 다를 수 있으며, 같은 지역이라 하더라도 기관에 따라 다를 수 있다(박은혜, 2016). 영유아교사는 다양하게 요구되는 역할을 이해하고 교사로서의 책임감과 자부심을 가지며 창의적이고 융통적인 사고로 영유아에게 적합한 교육 실제를 구성하는 역할을 수행해야 한다(황윤세·장영숙·최미숙, 2004).

영유아를 지도하는 교사의 역할은 영유아의 발달적 요구에 보다 민감하게 반응해야 하며, 영유아의 긍정적 발달을 도모하고, 또한 영유아를 안전하고 건강하게 양육해야 한다.

영유아교사의 역할에 대한 학자들의 의견을 정리하여 제시하면 다음 <표 3-3>과 같다.

〈표 3-3〉 영유아교사의 역할 유형

학 자	역할유형
Katz(1970)	모성 모형, 치료 모형, 교수 모형
Spodek(1985)	양육 역할, 교수 역할, 인격함양 역할, 의사결정 역할
교육부(2000)	양육자, 관찰자, 교육프로그램 계획자, 교수조직자
한국보육진흥원 편(2010)	양육자, 교수자, 관찰자, 지지자, 교육실(보육실) 운영자 및 평가자
오문자(2011)	능동적 지식 구성자, 문화형성의 주체, 유능한 의사결정자, 연구자, 공동 학습자
이은화(1985)	환경제공자, 관찰자, 프로그램 계획자, 연구자, 부모교육 담당자, 평가자

영유아교사의 역할에 대해 학자들은 다양한 정의를 내렸는데 이를 종합해 보면, 양육자, 교수자, 관찰자, 상호작용자, 의사결정자, 연구자, 모델링, 동료와 부모 그리고 지역사회와의 교류자 등으로 요약할 수 있다.

(1) 양육자

영유아교사는 영유아의 건강과 안전을 지켜주고 보호하며 영유아의 자조 능력과 바람직한 인격을 형성하도록 돕는 생활 지도자의 역할을 수행한다. 위험한 상황을 통제하며 영유아의 안전사고를 예방하고 안전하게 성장·발달하도록 돕는다(김두범·김미경·김현희·최광희, 2004).

(2) 교수자

영유아교사는 영유아를 단순히 보호하는 역할뿐 아니라 발달과 교육에 대한 전문지식과 기술을 갖춘 교수자로서 영유아에게 발달수준에 적합한 학습자료와 학습경험을 제공한다. 또한 교육과정의 구성을 위해 교육활동을 계획하고, 효과적인 교수·학습방법을 선정하여 운영하며, 영유아의 발달을 위한 최적의 학습환경 조성자로서의 역할을 한다.

(3) 관찰자

영유아를 효율적으로 교육하기 위해서는 영유아의 발달적 수준이나 요구에 민감해야 하고 이해해야 한다. 이를 위해서 영유아교사는 영유아의 발달, 환경 및 활동 전반에 걸쳐 객관적으로 관찰하고 평가하여 영유아에게 효율적인 교육활동을 시행한다.

(4) 상호작용자

영유아교사는 단순히 지식만을 전달하는 것이 아니라, 영유아의 동기를 유발시키고 흥미와 관심을 자극시킬 수 있도록 신체적·언어적·정서적으로 상호작용을 해야 한다. 서로에 대한 이해와 신뢰를 기반으로 한 영유아와 교사 간의 상호작용은 영유아의 발달과 교육에 중요한 영향을 미친다.

(5) 의사결정자

영유아교사는 유치원 현장에서 일어나는 모든 일에 대해 전문적으로 판단하고 결정에 대한 책임을 지게 된다.

(6) 연구자

영유아교사는 항상 자신의 교수기술에 대해 평가를 해 보고, 자기장학이나 동료장학 등을 통하여 향상을 위한 노력을 하여야 한다. 또한 전문가 단체나 학회,

협회 등에 가입하여 최신의 이론들을 습득하여 현장에 적합하게 수용하고 적용하려고 노력해야 한다.

(7) 모델링

영유아기는 타인의 행동을 관찰하고 모방하면서 학습하는 시기이기 때문에 영유아교사는 항상 긍정적인 언행과 태도로 영유아들에게 좋은 모델링이 될 수 있도록 해야 한다.

(8) 동료와 부모 그리고 지역사회와의 교류자

영유아교사는 교육활동의 효과적 수행을 위해서 기관 내의 동료 교직원과 원만한 인간관계 속에서 상호협력적인 관계를 가져야 한다. 또한 부모와의 원활한 의사소통을 통해 협력적인 관계를 유지해야 하며, 영유아가 속해 있는 지역사회를 활용하여 영유아가 지역사회의 구성원으로 잘 적응하고 성장할 수 있도록 도와주어야 한다.

교사가 자신의 역할을 정확하게 지각하고 수행하면 학생들이 학습에서 효과를 보이지만 교사역할을 제대로 수행하지 못한 비능률적인 교사는 학생들에게 다시 회복할 수 없는 손실을 준다(Cho & Saracho, 1997; Katz, 1970; Schickedanz, York, Stewart, & White, 1990). 따라서 영유아교사로서 필요한 역할에 대한 정확한 이해와 책임감 있는 역할 수행이 요구된다.

3) 영유아교사의 역할갈등

영유아교육기관이라는 사회조직 속에서 영유아교사는 교육과정을 계획·실천하고, 질적인 교육환경을 제공하며, 영유아와 상호작용하고, 학부모를 교육하고 상담하는 등의 다양한 역할을 하게 된다(Cho & Saracho, 1997). 한편, 영유아교사에 대한 다양한 역할기대로 모든 역할을 수행하기 어려운 상황에 처하게 될 때,

역할부담이 커져 역할갈등을 느끼게 된다(송정애·장정순, 2008 재인용).

영유아교육기관에서의 갈등은 기관 내 교사 간에 분담하게 되는 업무의 내용에 대해 서로의 관점이 일치하지 않아 이를 해결하기 위해 노력하지만 끝내 해결하지 못해 조직 내 에너지가 점점 상실되어 가는 현상을 말한다. 영유아교사들이 선호하는 연령이나 업무가 존재하는데, 이를 모든 교사에게 분배할 수 없기 때문에 경력, 유치원 재직 년 수 등 유치원 내규에 의해 이를 분배한다. 이때 교사 간 이해관계의 충돌로 인해 갈등이 발생한다(박슬기, 2007). 또한 교육 대상인 영유아의 발달이 급속하게 이루어지고 개인차가 크고, 교육 내용의 선정, 조직, 환경구성 등에 있어서 교사의 자율성이 많이 반영되기 때문에 교사의 역할부담이 더욱 커지게 된다. 영유아교사의 역할갈등요인을 구체적으로 제시하면 다음과 같다(송연숙·유수경, 2008).

(1) 교사 개인 관련 요인

교사 자신의 가치관, 신념, 적성, 건강, 가족, 가족관계가 교사로서의 역할을 수행하는데 미치는 역할갈등의 정도를 의미한다. 영유아교사가 교사로서의 역할을 수행하기 위해 자신의 개인적인 요구를 희생하는 경우도 많이 있는데, 이런 상황에서 갈등을 겪게 된다.

(2) 영유아 관련 요인

교사의 직접적인 교수활동으로 인한 갈등으로, 영유아와의 관계에서 비롯되는 갈등요인이다. 영유아들의 예기치 못한 행동이나 문제행동에 의해 교육목표를 달성하기 위한 교사들의 노력은 때론 수포로 돌아가고 그러한 과정에서 교사들은 무력감을 느끼게 된다(최은미, 2008). 교사와 영유아의 관계는 영유아의 사회적 유능감에 영향을 미치기 때문에(여연승, 2003), 교사의 역할갈등관리는 매우 중요하다.

(3) 조직 구성원 관련 요인

영유아교사는 조직 내의 구성원인 원장, 원감, 선임교사, 동료교사, 후임교사와의 갈등 등 다양한 조직 구성원과의 관계에서 오는 갈등을 경험하게 된다.

(4) 학부모 관련 요인

학부모와의 관계에서 교사가 느끼는 갈등으로, 대다수의 영유아교사들은 학부모와의 만남에서 스트레스를 받거나 어려움을 겪는다. 교육에 대한 관점의 차이로 갈등을 빚기도 하는데, 특히 문해교육에 대한 학부모들의 요구로 인해 교육신념과 실제에 있어 갈등을 겪는 교사들이 많다(허윤선, 2006).

(5) 행정 및 업무지원 관련 요인

상급기관(교육청 등)에서 요구하는 공문서 처리나 기관의 행정업무와 관련된 일들에서 겪는 갈등을 의미한다. 특히 최근의 영유아교육기관 평가와 관련한 행정업무들은 교사들의 스트레스를 가중시키고 있다.

(6) 장학 관련 요인

영유아교사들은 장학을 교사의 전문성 개발을 위한 이상으로 보지 않고 영유아교사에게 요구되는 과중한 업무라고 여기는 경향이 있다.

(7) 사회적 인식 관련 요인

영유아교사를 교사로 인정하기보다는 단순히 부모 대신 아이를 돌봐주는 존재로 간주하거나 여성의 직업영역으로 한정함으로써 교사로서의 신념을 무너뜨리는 데 일조한다(김희태, 2004).

역할에 대한 갈등이나 문제가 발생하였을 때 이를 해결하는 방식은 교사마다 다양하다. 정현숙(2002)은 교사들이 문제를 해결하는 유형을 반성적 태도형·환경 순응형·거부형으로 구분하였다.

〈표 3-4〉 영유아교사의 문제해결 유형

유 형	특 성	정 의
반성적 태도형	• 자신의 문제를 인식함 • 문제의 원인을 찾아냄 • 문제의 해결방법을 연구함	이 유형의 교사는 미래지향적이며 문제를 해결하고 자신의 부정적 이미지를 극복하기 위해 보다 적극적으로 노력함
환경 순응형	• 문제에 순응함 • 자신보다 외부에 관심이 있음 • 문제를 극복하려는 의지가 약함 • 주변 사람들과의 마찰이나 불만에 반응하지 않음	이 유형의 교사는 문제를 그대로 받아들이고 노력하여 바람직한 교사가 되겠다고 하는 마음은 있지만 문제의 원인을 자신의 외부에서 찾으며 문제를 해결하기보다 순응함
거부형	• 교사답지 못한 역할 수행에 불만을 나타냄 • 교사로서 인정받지 못하는 것에 불만을 강하게 나타냄 • 자신이 관심 있는 것 외에는 모두 무관심함 • 모든 문제의 원인을 주변의 환경 탓으로 돌림 • 문제를 알고 있지만 해결 의지가 없음	이 유형의 교사는 모든 문제의 근원이 자신보다는 외부의 잘못에 있으며 그 환경에 자신이 적응하기를 거부함

*출처: 정현숙(2002). 예비 및 초임교사의 교사로서의 자아상 형성 과정. 박사학위논문, 건국대학교 대학원. p. 53.

HAPTER 4

영유아교사의 교직윤리

1 교직윤리의 개념

1) 윤리

윤리(ethics)란 희랍어의 'ethos'에서 유래된 용어로 라틴어의 'mores'에 기원을 두고 있는 도덕(moral)과 같이 사용되고 있다.

윤리를 법률과 비교하여 특성을 설명하자면, 법률이 사회질서를 유지하기 위한 공식적 통제체제라면 윤리는 바람직한 사회를 위한 당위적이고, 이상적인 내적·자율적 통제체제이다(윤종건·전하찬, 1998). 또한 윤리란 사회적 의식의 한 형태로 인간이 마땅히 따라야 할 행위 규범의 총체이자 인간관계, 사회관계 속에서 지켜야 할 것으로 기대되는 사회적 규범이다. 윤리의 특성을 요약해서 제시하면 다음과 같다(권영례·김소라, 2015).

- 윤리는 강제성이 없다. 법은 지키지 않으면 법률이 정하는 바에 따라 벌을 받는 강제적인 규범인데 반해, 윤리는 지키지 않아도 벌을 받지는 않으나 개인이나 사회에 영향을 미치기 때문에 지켜야 할 강제성이 없는 규범이다.
- 내적·자율적 통제체제이다. 법은 외적·공식적 통제체제인 반면 윤리는 내적·자율적 통제체제로 개인의 자율적 판단에 근거한다.

2) 교직윤리의 성격

인간이 사회생활 속에서 지켜야 하는 규범을 윤리라고 한다면 교직윤리라 함은 교사가 교직 생활을 하는 데 있어서 스스로 실천하기를 기대하는 내부적 규범과 외부적으로 요구되는 윤리의식이라고 볼 수 있다(권건일·신재흡, 2006). 교직에 종사하는 사람은 다른 어떤 직업보다도 높은 윤리와 도덕적 규범을 지키고 실천해야 한다. 교직윤리는 자발적·능동적이며 강제성을 수반하는 법률적인 성격을 띠지 않지만 교사와 교직에 미치는 영향은 지대하다(서정화, 1994).

교직윤리는 교사가 교직생활에서 지켜야 하는 실천 규범이다. 윤리강령은 이러한 규범을 담은 것으로서 목표를 위해 어떤 일을 시행하는 과정에서 우리가 행동해야 할 옳고 좋은 방법에 관한 진술이다. 즉 윤리강령은 그 직업에 종사하는 사람이 옳다고 믿는 것을 행할 수 있도록 도와주며, 직무수행과정에서 상대하는 사람에게 최상의 이익이 된다고 판단되었을 때, 비록 사람들이 동의하지 않을지라도 자신의 전문적 판단에 따라 행동하도록 격려한다. 교직윤리는 학습자의 인권과 가정의 복지, 그리고 교육의 질과 직접적인 연관을 가지고 있기 때문에 매우 중요하다(박은혜 외, 2016).

이러한 교직윤리강령은 교원에게 필요한 행동이 무엇이며, 하지 말아야 하는 행동이 무엇인지를 말해 준다. 교직윤리강령은 다음의 6가지 성격을 가지고 있다(한국교원단체총연합회, 2005).

(1) 규범성

윤리강령은 교원에게 기대되는 바람직한 가치판단이나 의사결정을 담고 있다는 점에서 기본적으로 규범성을 지향한다. 이러한 바람직한 행동이나 가치판단은 사회적·문화적 속성을 반영하는 것이기 때문에, 동서고금을 막론하고 동일한 것이 존재할 수 없으며 당시의 시대상을 어느 정도 반영할 수밖에 없다.

(2) 실천성

윤리강령은 단순히 규범의 차원에만 머무는 것이 아니라 교원에 의하여 제대로 실천될 수 있을 때, 윤리강령이 지향하는 궁극적인 의미가 달성될 수 있다. 아무리 규범적으로 바람직하고 높은 도덕성을 표현하고 있다 하더라도, 이것이 실천되지 않는다면 윤리강령으로서의 의미를 상실하기 때문이다.

(3) 자율성

윤리강령은 외부의 타율적 강제에 의하여 이루어지는 것이 아니라, 강령의 적용을 받는 해당 교원 스스로 자발적인 수용과 자율적 실천에 기초하여 운용되어야 한다.

(4) 지침

윤리강령은 교원의 바람직한 행동의 방향을 제시하는 데 목적이 있지만, 지나치게 세부적인 내용보다는 어느 정도 포괄적이고 보편적인 내용에 대한 규정을 담고 있다. 지나치게 세부적인 규정은 그 자체로서 제정이 어려울 뿐만 아니라, 교원 개개인의 행동이나 의사결정이 지니고 있는 다양성으로 인하여 단일의 기준으로서 강령을 제시하는 것은 한계가 있기 때문이다. 따라서 구체성을 지니되 개별 교원에게 어느 정도 보편적으로 적용될 수 있는 수준으로 제정되어야 한다는 것을 의미한다.

(5) 투명성

교원도 의사나 변호사와 마찬가지로 고도의 전문성을 지니고 있는 집단이라는 점에서 외부 통제의 어려움이 있기 때문에 윤리강령 등의 제정을 통하여 직무의 투명성 확보와 더불어 자율적 통제가 효율적으로 이루어질 수 있다.

(6) 예방지향성

윤리강령은 사후적 처벌보다는 사전적인 예방 기능을 주된 목적으로 하고 있다. 부패가 발생하였을 경우에 이를 원상태로 복구하는 것이 사실상 어렵다는 점에서, 사후적 처벌보다는 사전적 예방이 보다 강조되는 것이다.

교직은 다른 어떤 직종보다도 높은 도덕관과 표준적 윤리관을 소유하고 있어야 한다. 전인적 인간양성이라는 교직의 직무는 정형화되어 있는 것이 아니고 다양하며, 자유재량의 폭이 매우 넓다. 그러므로 교사의 내적, 심리적, 잠재적 동기와 자발적, 능동적 규율이 중요하다. 인간의 도덕적 품성의 형성은 내적동기와 자발적 의지에 의해 더 크게 영향을 받기 때문이다. 따라서 교직은 교사의 법규 준수 그 자체보다도 교사 행동에 대한 윤리성이 더욱 중요시되는 직업이다(한국교원단체총연합회, 2005).

2 영유아교사 교직윤리의 필요성

영유아교사는 가르치는 일을 하는 동안 많은 윤리적 갈등 상황에 직면하게 된다. 흔히 수업에 최선을 다하지 못하는 경우, 부모의 요구와 영유아의 요구가 충돌하는 경우, 그리고 영유아를 함부로 대하는 행위 등 여러 상황에서 '어떻게 하는 것이 옳고 바람직한가?'라는 윤리적 질문에 봉착하게 된다. 그때마다 스스로 확신을 가지고 옳고 그름을 판단하여 결정을 내리는 것이 생각보다 쉬운 일은 아니다(김길숙·황현숙·길현주, 2015).

가르치는 일은 필연적으로 수많은 딜레마에 직면하게 된다. 윤리강령은 교사들이 이런 딜레마에 직면했을 때 가장 적절한 의사결정을 내릴 수 있도록 이끌어 주는 지침이다. Katz(1995)는 교사의 영유아에 대한 권력남용을 방지하고 책임의 우선순위를 둘 집단결정을 명료화하며 유능한 교사에 관한 준거를 제시하고 가족과 동료 및 기관과의 관계 유지 시 균형적인 역할을 수행하기 위해 윤리강령이 필요하다고 하였다.

영유아교육에서 특히 윤리강령이 필요한 이유에 대해서 Katz(1989)는 다음과 같이 제시하고 있다.

1) 영유아교사의 힘과 지위

영유아교사의 교육권은 엄청난 위력을 가진 권한이다. 영유아교사들이 영유아의 인격을 존중하고 권리를 보장하는 것을 소홀히 하더라도 영유아들은 자신을 방어할 수 있는 능력이 아직 부족하다. 그리고 부모는 성인이며 영유아를 맡긴 의뢰인이기 때문에 영유아교사에게 요구를 할 수 있으나 영유아의 요구와 충돌할 수도 있다. 교사의 윤리강령은 교사가 영유아의 권리를 보장하고 인격을 존중하는 방향으로 올바르게 자신의 지위를 활용할 수 있도록 하는 지침이 된다(권영례·김소라, 2015). 즉 모든 영유아들의 인권을 보호하기 위해서 윤리강령이 필요하다.

2) 영유아와 가족의 다양성

영유아기의 경험은 후기의 발달에 대한 기초가 되기 때문에 이 시기에 소홀히 하면, 그 이후에 이루어지는 교육은 효과를 거두기 어렵다. 이렇게 중요한 시기에 보육교사는 영유아의 연령과 다양한 개인차를 고려하여 그에 적절한 보호와 교육이 이루어지도록 해야 하며 보육교사는 그에 따른 윤리적 책임을 져야 하기 때문에 윤리강령이 필요하다. 또한 영유아의 다양성만큼이나 가족의 구조, 역할, 가치관, 요구의 수준도 다양하다. 보육교사가 소속한 기관의 철학과 일치하지 않는 교육을 요구하는 등의 서로 다양한 요구를 가진 부모로 인하여 발생하는 갈등들을 해결하는 데에 윤리강령은 도움을 준다.

3) 교육과정 운영의 자율성

영유아교육과정은 다른 각급의 학교와는 달리 영유아의 경험과 과정을 중요시한다. 영유아교육과정의 이러한 특성은 반드시 가르쳐야 하는 영유아교육의 내용이 미리 결정되어 있는 것이 아니라 끊임없이 변할 수 있다는 것이다. 교육과정 및 내용의 선정 시 교사가 내리는 결정에는 교사 개인의 가치가 포함될 수밖에 없다. 윤리강령은 이렇게 불확실성이 높은 상태에서 철학적 기초를 제공해 줌으로써 교사의 결정에 방향을 잡아주는 역할을 할 수 있다.

4) 영유아교사역할의 모호성

최근 어린이집에 맡겨지는 영유아들의 연령은 점점 낮아지고 시간은 더욱 길어지며 그 수는 점점 더 늘어나고 있다. 영유아들의 연령이 어리고 기관에서 지내는 시간이 더 많아지면서 수유, 기본생활 습관 지도, 부모상담, 교육 등 교사의 역할이 한없이 다양해졌다. 이렇게 역할이 넓어지다 보면, 부모와 교사의 역할 간에 구분이 어려워지는 문제가 생긴다. 특히 이 모든 문제에 있어서 부모의 의견과 일치하지 않는 경우 교사는 자신과 부모, 그리고 영유아 사이에서 판단을 내리기 어려운 딜레마에 빠지기 쉽다. 이러한 갈등 상황에서 교사가 옳은 판단을 내릴 수 있도록 윤리강령은 적절한 기준으로서의 역할을 한다.

영유아교직이라는 직업이 갖는 특수성에서 본다면, 무한한 발달 가능성을 가진 인간을 전인적으로 교육하는 교사라는 직업은 물건을 다루는 직업과 구분되고 인간의 일을 하지만 기능적 일부만을 대상으로 하는 법률가나 의사와는 차원이 다른 일을 수행한다. 따라서 교사는 미성숙한 존재로서의 인간(아동)의 무한한 가능성을 인정하고 이상적 인간으로 성장·발달하도록 교육해야 한다는 책임이 있으며, 이에 따라 더 엄격한 직업윤리와 소명의식, 희생과 봉사정신이 필요하다(김경령·서은희, 2014).

3 영유아교사 윤리강령

1) 미국의 영유아교사 윤리강령

영유아교사직은 인간의 성장과 발달에 관한 전문적인 활동이므로 타 전문직보다 윤리의 중요성이 더욱 강조된다(조형숙·박은주·류혜숙, 2008). 교사가 교직생활에서 지켜야 하는 실천 규범을 담고 있는 윤리강령은 영유아교사가 윤리적 딜레마를 해결할 수 있는 합리적 행동에 대한 가이드라인이 된다(NAEYC, 2005).

여기서는 미국의 영유아교사를 위한 교직윤리와 우리나라 영유아교사를 위한 교직윤리를 살펴보도록 한다. NAEYC(2011) 윤리강령의 서문, 핵심적 가치, 영역별 이념, 원칙, 내용 그리고 선서문의 내용은 다음과 같다.

(1) 서문

NAEYC는 영유아를 대상으로 일하는 사람은 매일 도덕적·윤리적 의미를 지니는 결정을 해야 한다는 것을 인식하고 있다. NAEYC의 「윤리강령」은 책임 있는 행동에 대한 지침들을 제시하고, 어린 영유아를 보육하고 교육하는 과정에서 마주치게 되는 중대한 윤리적 딜레마를 해결하기 위한 보편적인 기초를 제공한다. 핵심은 출생부터 8세에 이르는 영유아를 위한 프로그램에서 영유아 및 그 부모와 관련된 매일의 실제에 두고 있는데, 영유아를 위한 프로그램으로는 영아프로그램, 취학 전 교육기관, 보육기관, 가정탁아(family child care homes), 유치원, 초등학교 학급 등이 있다. 이 규칙 속의 조항들 중 상당수는 영유아를 직접 상대해서 일하지 않는 전문가 즉, 프로그램 관리자, 부모, 교육이론가, 대학교수, 아동보육자격증을 가진 전문가에게도 적용될 수 있다.

(2) 핵심가치

영유아들을 교육·보육하는 과정에서 윤리적 행동 기준은 이 분야의 역사에 깊이 뿌리박힌 다음의 핵심가치에 대한 헌신에 기초해 있다.

- 아동기를 인간의 인생 주기에서 독특하고 가치 있는 한 단계로 이해한다.
- 아동의 발달과 학습에 관한 지식에 근거하여 우리의 직무를 수행한다.
- 아동과 가족 간의 연결을 중요하게 생각하고 지원한다.
- 아동은 가족과 문화, 지역사회의 맥락 속에서 가장 잘 이해할 수 있고 지원할 수 있다는 것을 인식한다.
- 아동과 가족, 그리고 동료들에게 존재하는 다양성을 존중한다.
- 아동과 성인은 신뢰와 존경에 기초한 관계의 맥락 속에서 그들의 모든 잠재력을 발휘한다는 것을 인식한다.

(3) NAEYC 윤리강령의 영역별 이념, 원칙, 내용

NAEYC의 윤리강령은 4개 영역에서 전문적인 책임으로 이루어진 체계를 제공하고 있는데, 각각의 영역은 아동, 가정, 동료, 지역사회에 대한 전문적인 관계의 영역을 다루고 있다. 이상들(ideals)은 전문가들의 희망사항을 반영하고 있으며, 원칙들(principles)은 이 분야에서 직면하는 윤리적 딜레마들을 해결하는 과정에서 행동의 지침을 제시하고 현직교사들을 도와주기 위한 목적으로 만들어졌다. 그 내용을 요약해서 제시하면 다음의 <표 4-1>과 같다.

〈표 4-1〉 **NAEYC 윤리강령의 영역, 이상, 원칙, 내용의 개관**

영역	이상 (ideals)	원칙 (principles)	내 용
1장. 아동에 대한 윤리적 책임	12개 항목	11개 원칙	아동기는 인간의 발달 주기 중 유일하고 가치로운 단계이다. 우리의 중요한 책임은 아동들에게 안전하고 건전하며 반응적인 환경을 제공하는 것이다. 첫째, 영유아들의 발달을 지원하고, 둘째, 개인 간의 차이를 존중하며, 셋째, 협동적으로 생활하고 일하는 방법을 배울 수 있도록 도와주고, 넷째, 건강, 자기 인식, 능력, 자아존중감, 쾌활성을 증진시키는 데 전념한다.
2장. 가정에 대한 윤리적 책임	9개 항목	15개 원칙	가정은 아동의 발달에 있어 커다란 의미를 가진다. 가정은 부모뿐만 아니라 영유아에 관해 책임을 담당하는 모든 사람들을 포함하는데, 가정과 아동들을 담당하는 전문가들은 영유아의 복지에 관해 공통적인 이해관계를 가지고 있기 때문에 우리는 가정과 기관이 아동의 발달을 강화하는 방향으로 서로 협조해야 할 책임이 있음을 인정해야 한다.

영역	이상 (ideals)	원칙 (principles)	내 용
3장. 동료에 대한 윤리적 책임	6개 항목	9개 원칙	영유아교육기관이라는 직무 환경에서 인간의 존엄성은 존중되고, 직업에 관한 만족도는 향상되어야 하며, 긍정적 관계가 형성되어야 한다. 우리의 책임은 생산적인 직무수행을 지원하고 직업적 요구 사항들은 충족시킬 수 있는 환경과 관계를 형성·유지하는 것이다.
A. 동료에 대한 책임감	4개 항목	4개 원칙	
B. 원장에 대한 책임감	2개 항목	5개 원칙	
4장. 지역사회와 공동체에 대한 윤리적 책임	8개 항목	13개 원칙	아동교육은 가정과 아동의 복지에 관심이 있는 단체와 가족으로 구성된 직접적인 지역의 맥락에서 운영된다. 따라서 우리의 책임은 지역사회의 요구조건을 만족시키는 프로그램을 제공하고, 아동에 대한 책임을 나누는 기관 및 전문가들과 협력하며, 그리고 현재 실시되지는 않지만 필요한 지역사회의 프로그램을 만들어 내는 것이다. 아동의 발달에 관한 전문화된 지식이 있으므로 우리는 어떠한 경우에든지 아동들을 위한 대변인으로서의 역할을 수행할 의무를 받아들여야 한다.
A. 개인에 대한 책임감	1개 항목	10개 원칙	
B. 집단에 대한 책임감	7개 항목	3개 원칙	

(4) 선서문

영유아들을 담당하는 교사로서 나는 NAEYC의 윤리강령에 반영되어 있는 대로 영유아들의 교육에 대한 가치를 향상시킬 것을 맹세합니다. 내 능력을 최대한 발휘해서 나는

- 절대로 영유아를 해롭게 하지 않는다.
- 영유아교육프로그램이 영유아 발달과 영유아교육의 최신이론에 기초하도록 한다.
- 영유아를 양육하는 가정의 임무를 존중하고 지원한다.
- 영유아들을 보호하고 교육하는 동료들을 존중하고 그들이 NAEYC의 윤리강령을 준수할 수 있도록 지원한다.
- 지역사회와 공동체 내에서 아동, 가정, 교사의 대변자로서 역할을 다한다.
- 직업적 행동의 높은 기준을 유지한다.
- 개인의 가치, 의견, 편견이 전문적 판단에 얼마나 영향을 미칠 수 있는지 인식한다.
- 새로운 사상에 개방적인 자세를 취하고 다른 사람들의 주장으로부터 배울 것은 기꺼이 배운다.
- 전문가로서 끊임없이 배우고, 성장하며, 기여한다.
- NAEYC 윤리강령의 이상과 원칙을 존중한다.

*출처: 미국유아교육협회 http://www.naeyc.org/files/positions/ethicsbooks.pdf

2) 우리나라의 영유아교사 윤리강령

영유아교사 대상 윤리강령은 미국, 호주 등에서는 일찌감치 제정되었으나, 우리나라에서는 일반교원을 위한 사도헌장 및 사도강령만이 제정되었다. 그런데 2010년 12월 유아교육선진화위원회를 비롯한 유아교육단체가 지속적인 연구와 관심을 모아 공동으로 '유치원 교사 헌장'을 발표하였으며, 같은 해 한국보육시설연합회와 육아정책연구소에서 우리나라 어린이집 원장과 교사를 위한 윤리강령을 개발·제정하였다(김은설·박수연, 2010).

유치원 교사와 보육교사를 위한 윤리강령의 구체적인 내용은 다음과 같다.

(1) 유치원 교사 헌장과 강령

① 유치원 교사 헌장

유아교육은 유아의 삶에 초석이 되며, 우리 사회와 국가의 미래를 결정한다. 우리는 국민의 생애 초기 교육을 책임지며 사회로부터 존중받는 교사로서 자신을 연마하고 소명의식을 가지고 유아 교육자로서 가야 할 길을 밝힌다.

1. 우리는 유아를 사랑하고, 개성을 존중하며, 전인 발달을 지원하고, 평화로운 교실 문화를 조성한다.
2. 우리는 미래지향적이며 질 높은 교육을 계획하고 실천하여 교육자로서의 책임을 다한다.
3. 우리는 가정에 대한 이해와 연대를 강화하여 교육복지사회 구축에 공헌한다.
4. 우리는 사회의 변화와 요구에 적극 부응하여 유아교육의 혁신과 발전을 위해 노력한다.
5. 우리는 교육자로서의 품위를 유지하고, 부단한 자기개발을 통해 유아교육 전문가로서의 위상을 갖춘다.

*출처: 유치원교원양성·임용체제개선방안 T/F팀(2010). 유치원 교사 헌장, 강령. 유치원 교원 양성·임용제도개선연구단.

② 유치원 교사 강령

01. 유치원 교사와 유아

- 핵심 개념: 사랑, 평등, 개성 존중, 전인교육, 안전과 보호

1. 우리는 유아를 사랑하며, 유아의 인격을 존중한다.
2. 우리는 유아의 개인적·가정적 배경에 관계없이 모든 유아를 평등하게 대한다.

3. 우리는 유아의 개성을 존중하며, 개인의 흥미와 잠재력에 적합한 교육을 제공한다.
4. 우리는 유아의 전인적 발달을 지원하는 교육과 환경을 제공한다.
5. 우리는 유아의 안녕을 위협하는 가정적 · 사회문화적 · 경제적 상황을 적극적으로 파악하고, 유아를 보호하기 위해 노력한다.

02. 유치원 교사와 가정

- 핵심 개념: 가족에 대한 이해, 권리 보호, 협력, 지원

1. 우리는 유아를 교육하고 지원하기 위해 가정과 연계하고 협력관계를 구축한다.
2. 우리는 교육적 목적으로 수집한 가족 정보에 대해 기밀을 유지하고, 가족의 사생활을 보장한다.
3. 우리는 유치원에서 일어난 안전사고나 위험 상황에 대해 가족에게 충분히 설명한다.
4. 우리는 가족에게 유치원을 개방하며, 필요한 정보를 제공한다.
5. 우리는 유치원 운영에 관련된 중요한 의사결정 과정에 부모를 참여시킨다.
6. 우리는 가족에게 필요한 지역사회 자원에 대한 정보를 구축하고, 이를 가족에게 적극 제공한다.

03. 유치원 교사와 사회

- 핵심 개념: 사회에 대한 이해, 교원의 지위 향상, 유아교육 위상 강화, 교직문화, 지역사회와의 협력

1. 우리는 사회의 흐름을 파악하고, 이를 교육에 반영하고자 노력한다.
2. 우리는 유아에 관련된 법률과 정책을 이해하고, 이를 개선하기 위한 활동에 적극 참여한다.
3. 우리는 교직 관련 단체와 전문가 협회를 통해 교권 확립을 위한 활동에 참여한다.
4. 우리는 유치원 교육을 사회에 널리 알려 유아교육의 위상을 높인다.
5. 우리는 교직원 간의 상호 존중과 협력을 통해 건전한 교직문화를 형성한다.
6. 우리는 유치원과 연계하여 지역사회의 생활과 문화 향상에 기여한다.

04. 유치원 교사의 책무

- 핵심 개념: 직업의식과 긍지, 인성(열정, 개방성, 창의성, 자율성), 교사로서의 품위, 연구와 자기개발

1. 우리는 교육 전문가로서의 직업의식을 가진다.
2. 우리는 건전한 국가관과 확고한 교육관을 가지고 교직에 종사한다.
3. 우리는 유아에게 최적의 교육을 제공하기 위해 열과 성을 다한다.
4. 우리는 건전한 언행과 생활 태도로 유아에게 모범이 되도록 한다.
5. 우리는 열린 사고와 개방적 태도를 가지고 전문성 향상에 매진한다.
6. 우리는 다양한 분야의 전문가와 교류하고, 새로운 지식과 정책을 비판적으로 수용한다.

*출처: 유치원교원양성·임용체제개선방안 T/F팀(2010). 유치원 교사 헌장, 강령. 유치원 교원 양성 · 임용제도개선연구단.

(2) 보육교사 윤리강령

2010년 한국보육시설연합회와 육아정책연구소가 함께 어린이집 원장과 보육교사의 윤리강령 개발연구를 하였다. 원장과 보육교사의 직업윤리 의식에 대한 실태를 조사하고, 전문직종으로서 보육인 윤리강령의 기틀을 마련하는 것을 목적으로 하여 윤리의식을 제고할 수 있는 방안도 함께 제시했다. 이 연구를 바탕으로 2011년 전국보육인대회에서 보육교사 윤리강령과 윤리 선언문이 공표되었다(신재흡, 2016).

우리나라 보육교사 윤리강령의 영역별 내용을 요약하면 다음과 같다.

〈표 4-2〉 어린이집 원장·교사 윤리강령의 영역별 내용

영 역	내 용
서문	전문직업인으로서의 보육교직원과 윤리강령의 의지, 윤리강령이 다루고 있는 범위를 제시하여 각 장에 대한 도입의 의미를 가진다. 윤리강령의 준수에 임하는 의지와 자세를 제시하고 있다.
1장 영유아에 대한 윤리	모두 11개 항목으로 되어 있으며 유엔 아동권리협약에 의거한 영유아의 기본권 4가지에 따라 구분된다. 영유아 기본권리인 생존권, 보호권, 발달권, 참여권의 나열 순서에 따라 윤리강령의 각 조항들이 순서지어 있다.
2장 가정에 대한 윤리	어린이집 원장과 보육교사들이 영유아의 가정과 원활하게 소통관계를 유지해 갈 수 있도록 인식과 태도에 대한 항목으로 구성되어 있다. 중요한 기본적 의식으로서 각 가정의 양육가치와 의사를 존중할 것을 우선적으로 제시하고, 가정에 대한 정보제공과 참여유도를 강조한다.
3장 동료에 대한 윤리	어린이집 원장으로서 보육교사에 대한 윤리와 보육교사가 어린이집 원장 및 동료 보육교사에 대해 갖는 윤리적 측면의 두 부분으로 나뉜다. 어린이집 원장이 준수해야 할 윤리적 덕목은 보육교사의 보육활동에 대한 지원, 보육교사에 대한 존중, 근무여건 개선 등임, 즉 보육시설장은 보육교사가 보육서비스 제공에 몰두할 수 있도록 인적·물적 환경을 조성하고 보육교사를 신뢰하고 존중하며 그의 전문성과 자율성을 인정하도록 해야 한다.
4장 사회에 대한 윤리	사회에 대한 보육은 무엇보다 질적으로 훌륭하고 좋은 서비스를 제공하는 것이 가장 중요한 책임이다. 공적 비용이 투입되는 시설로서 투명한 재정을 유지하고 사적 이익이 개입되지 않아야 한다. 사회적으로 주요기관으로서 역할을 찾아 이를 실천하는 데 참여하는 것도 필요하다.

*출처: 김은설·박수연(2010). 보육 시설장·교사 윤리강령 개발 연구. 서울: 한국보육시설연합회.

다음은 보육교직원 윤리강령 전문이다.

① 보육인 윤리 선언

나는 영유아의 건강한 성장과 발달을 지원하는 보육교사(어린이집 원장)로서, 직무상의 윤리적 책임을 다하여 다음 사항들을 지킬 것을 다짐합니다.

1. 나는 내가 영유아에게 지대한 영향을 미치는 존재임을 잊지 않으며, 항상 스스로의 말과 행동에 신중을 기한다.
1. 나는 영유아의 인격과 권리를 존중하며, 어떠한 경우에도 영유아에게 해가 되는 일을 하지 않는다.
1. 나는 영유아 가정의 다양성을 이해하고 존중하며, 상호 신뢰하는 동반자적 관계를 유지한다.
1. 나는 동료를 존중하고 지지하며, 서로 협력하여 최상의 보육서비스를 제공하기 위해 노력한다.
1. 나는 보육의 사회적 책임과 역할을 인식하고, 영유아의 권익과 복지를 위한 활동에 앞장선다.
1. 나는 「어린이집 원장·교사 윤리강령」을 직무수행의 도덕적 규준으로 삼아 진심을 다하여 충실히 이행한다.

② 어린이집 원장 및 보육교사 윤리강령

보육은 영유아를 건강하게 양육하고, 안전하게 보호하며, 발달특성에 적합한 교육을 제공하는 복지서비스이며, 보육인은 사랑과 존중과 전문지식을 바탕으로 영유아의 전인적 성장에 영향을 미치는 전문직업인이다. 그러므로 보육인은 윤리적 의식과 태도를 가지고 사회적 본분에 임해야 한다.

이에 어린이집 원장과 보육교사는 스스로 책무성을 발현하여 윤리강령을 제정함을 밝힌다. 본 강령을 직무수행의 규준으로 삼아, 보육현장에서 발생하는 윤리적 갈등을 해결하고, 생존권, 보호권, 발달권, 참여권 등 영유아의 권리를 보장함으로써, 직무상의 윤리적 책임을 다하여 전문직업인으로서의 위상을 공고히 하고자 한다.

더불어 영유아와 그 가정, 동료와 사회의 존엄성을 존중하는 보육의 실천으로 다각적인 신뢰를 구축하고, 영유아의 잠재력을 최대한 발휘시킴으로써 영유아가 긍정적인 자아개념을 형성하고 유능한 사회인으로 성장할 수 있도록 도와, 궁극적으로는 영유아와 그 가정, 동료와 사회의 통합적·이상적 복지 실현에 기여하고자 한다.

제 I 장 영유아에 대한 윤리

1. 영유아에게 고른 영양과 충분한 휴식을 제공하여, 몸과 마음이 건강한 사람으로 자라도록 돕는다.
2. 성별, 지역, 종교, 인종, 장애 등 어떤 이유에서도 영유아를 차별하지 않고, 공평한 기회를 제공한다.

3. 영유아는 다치기 쉬운 존재임을 인식하여 항상 안전하게 보호한다.
4. 영유아에 대한 정서적, 언어적, 신체적 학대를 행하지 않는다.
5. 어린이집 내외에서의 영유아 학대나 방임을 민감하게 관찰하며, 필요한 경우 관련 기관("아동보호전문기관" 등)에 보고하고 조치를 취한다.
6. 영유아의 인격을 존중하고, 개인의 잠재력과 개성을 인정한다.
7. 개별적 상호작용 속에서 영유아의 요구를 수용하기 위해 노력한다.
8. 영유아의 사회·정서·인지·신체 발달을 통합적으로 지원하는 보육프로그램을 실시한다.
9. 특별한 도움을 필요로 하는 경우, 전문가와 협력하여 영유아의 입장에서 최선의 대안을 찾는다.
10. 보육활동을 계획, 실행, 평가하는 모든 과정에 영유아의 흥미와 의사를 반영한다.
11. 영유아의 개인적 기록과 정보에 대해 비밀을 보장한다.

제Ⅱ장 가정에 대한 윤리

1. 상호신뢰를 바탕으로 영유아의 가정과 동반자적인 관계를 유지한다.
2. 각 가정의 양육가치와 의사결정을 존중한다.
3. 경제적 수준, 가족형태, 지역, 문화, 관습, 종교, 언어 등 어떤 것에 의해서도 영유아의 가정을 차별 대우하지 않는다.
4. 보육활동 및 발달 상황에 관한 정보를 정확하게 제공하여 영유아에 대한 가정의 이해를 돕는다. 다문화, 심신장애 등으로 의사소통에 도움이 필요한 경우 문제를 해결할 최선의 방법을 도모한다.
5. 어린이집 운영 전반에 관한 정보를 공개하여 영유아 가정의 알 권리에 응한다.
6. 보육프로그램과 주요 의사결정에 영유아의 가정이 참여하도록 안내한다.
7. 필요한 사회적 지원, 전문서비스 등 관련 정보를 제공하여 영유아 가정의 복리 증진을 돕는다.
8. 영유아 가정의 사생활을 보호하고 익명성을 보장한다.

제Ⅲ장 동료에 대한 윤리

[어린이집 원장]
1. 최상의 보육서비스 제공에 필요한 인적, 물적 환경의 조성 및 유지를 위해 노력한다.
2. 보육교사를 신뢰하고 존중하며 전문성과 자율성을 인정한다.
3. 성별, 학연, 지연, 인종, 종교 등에 따라 보육교사를 차별하지 않는다.
4. 업무 관련 의사결정이 필요한 경우, 보육교사의 의견 개진 기회를 보장한다.
5. 보육교사에게 지속적 재교육 등 전문적 역량 제고의 기회를 부여한다.
6. 보육교사에게 적정 수준의 보상(보험, 급여 등)을 안정적으로 제공하며, 복지증진에 힘쓴다.
7. 보육교사 개인의 기록과 정보에 대한 비밀을 보장한다.

[보육교사]
1. 존중과 신뢰를 바탕으로 협력하며, 서로의 전문성과 자율성을 인정한다.
2. 상호 간 역량계발과 복지증진에 부합하는 근무환경이 되도록 힘쓴다.
3. 어린이집 원장 및 동료와 영유아 보육에 대한 신념을 공유한다.
4. 보육교사로서의 전문성 향상을 위해 스스로 노력한다.
5. 어린이집 내에서 영유아 및 보육교사의 인권과 복지를 위협하는 비윤리적 사태가 발생한 경우, 법률규정이나 윤리기준("한국보육시설연합회·윤리강령위원회 참조")에 따라 조치를 취한다.

제Ⅳ장 사회에 대한 윤리

1. 공보육에 대한 책임을 인식하고, 항상 질 좋은 보육서비스를 제공한다.
2. 영유아의 안전을 위협하는 환경이나 정책이 발견될 시, 관계기관과 협의하여 개선한다.
3. 공적 책임이 있는 어린이집으로서 재정의 투명성을 유지하고, 부정한 방법으로 사적 이익을 취하지 않는다.
4. 영유아의 권익보호를 위해 관련 정책 결정 및 법률 제정에 적극 참여하며, 사회적으로 이를 널리 알리는 데 앞장선다.
5. 지역사회 실정에 맞는 어린이집의 책임과 역할을 인지하고, 실천하고자 노력한다.

*출처: 육아정책연구소: http:/www.kicce.re.kr

HAPTER 5

영유아교사 인성교육의 이해

1 인성의 기본개념

인성(人性)은 고대 희랍시대 에트루디아의 어릿광대들이 쓰던 가면을 뜻하는 라틴어 'persona'에서 유래하였다. persona는 '남이 보는 나의 얼굴'을 뜻하며, 심리학자 융(Carl Jung)에 따르면 persona가 있기 때문에 개인은 생활 속에서 자신의 역할을 잘 수행할 수 있으며, 이로 인해 자기 주변세계와 상호관계를 맺을 수 있다고 하였다. 이 persona가 후에 영어인 'personality'가 되었다(김영옥, 2015). 일반적으로 심리학적인 관점에서는 '성격(personality)'을 의미하며, 철학적 입장에서는 '인격(character)'과 같은 의미로 사용되고 있다(전남련·이은임·김기선·남궁기선·백향기·이재영·원종순·김정화·손권희·박주선·박연순·김행숙·김혜란, 2015). 철학적 입장을 중시하는 교육학자들은 'character'를 '인격'으로 번역하여 사용하기도 하나 대부분의 교육학자들은 이 둘의 입장을 포괄하는 의미로 인성(人城, character)이라는 용어를 많이 사용한다(이병석·이찬숙·김경윤·조경선·조메리, 2010).

인성에 대한 사전적 의미를 살펴보면, '인성'이란 '사람의 성품'으로 정의된다. 이때 '성품'이란 '성질과 품격'으로서 각 개인의 타고난 사고와 태도 및 행동특성을 말하는

데, '성질'은 정신적(심리적)인 바탕 혹은 사물이나 현상이 본디부터 지니고 있는 독특한 바탕이며, '품격'은 물건의 좋고 나쁨의 정도 혹은 품위, 기품으로 정의할 수 있다(민중서림편집부, 2016). '사람의 성품'으로 정의하고 있는 사전적 의미에는 가치 있는 인격의 의미와 가치중립적인 성격의 의미 모두를 포함하고 있다. 즉, 도덕적 가치가 개입된 인격과 개인이 지닌 독특한 특성의 총체를 가리키는 성격이 결합되어 일상적으로 인성으로 쓰이고 있는 것이다(김영옥, 2015).

또한 인성에 대한 개념을 개인적 차원과 사회적 차원으로 나누어 정의해 볼 수 있는데, 개인적 차원에서의 인성은 사람됨의 근본인 성품을 가리키는 말이며 인격과 성격의 개념으로 사용된다(전제아, 2005). 즉, 인간으로서 타고난 성질, 기질, 바탕을 말한다고 할 수 있다. 사회적 차원에서의 인성에 대한 개념은 타인과 더불어 도덕적·친사회적 가치를 추구하며 교육이나 학습에 의해 습득하거나 변화가 가능한 마음의 구조, 본성, 품성, 성품으로 정의할 수 있다(김영옥, 2013).

인성이라는 개념은 추상적이고 포괄적인 의미를 지니고 있기 때문에 여러 학자들에 의해 다양하게 정의되고 있다. 여러 학자들의 인성에 대한 정의를 살펴보면 다음과 같다.

- 존 로크(Locke): 어떤 사람이 자신의 욕구와 기분을 억제하고 이성의 명령에 따르는 것
- 아리스토텔레스(Aristoteles): 자신뿐 아니라 다른 사람과의 관계 속에서 바르고 옳은 행동을 하며 살아가는 것
- 노박(Novak): 종교적 전통과 문화 속의 이야기와 역사 속의 현인과 상식을 가진 사람들이 확인해 준 모든 미덕들의 혼합물
- 헤라클레이토스(Heraclitus): 인성이란 운명이다.
- 리코나(Lickona): 도덕적으로 선을 인식하고 선을 바라며 선을 행하는 것
- 올포트(Allport): 환경에 대한 개인의 독특한 적응을 결정하는 정신적·물질적인 모든 체계의 역동적 조직
- 파빈(Parvin): 다양한 상황에 대하여 사람들이 독특하게 반응하는 구조적이며 역동적인 특징

- 맹자: 본래 가지고 있는 인간의 내면적 가치에 주목할 것을 강조하여 호연지기를 기르라고 주장(성선설)
- 순자: 악한 본성을 가진 인간을 후천적인 노력에 의해 선한 자질을 가진 인간으로 변화시킬 것을 강조(성악설)
- 공자: 인간이 하늘에서 부여받은 인성은 누구나 다 유사한 것인데 그 성장환경, 즉 습성에 의하여 선악의 차이가 생김(습관)

이상에서와 같이 인성의 개념은 여러 학자들에 의해 다양한 관점에서 정의되고 있다. 이를 종합하면 인성이란 '사람이 지니고 있는 독특한 바탕으로 그 사람의 품격', 즉 '사람됨'을 나타내는 것이라고 할 수 있다(박의수, 2008). 다시 말해 인성은 삶의 품성으로 정의된다(교육과학기술부, 2011).

2 인성교육의 목적

인성교육(人性敎育)은 사람(人)이 생(生)을 살아가는 데 있어 마음(心)을 어떻게 쓰고 다스리는가를 길들이는 교육이라고 할 수 있다(김영옥, 2015). 교육철학자 나돌프가 '사람이 사람됨의 교육을 받지 않으면 사람이 아니다'라고 말한 것에서 인간으로서 자리매김하는데 인성교육은 필수적 요인임을 알 수 있다(정옥경, 2008).

궁극적으로 인성교육은 인간다운 인간을 기르고 가르치는 일을 목적으로 하는 교육이다. 인간다운 인간이 되기 위해서는 지식과 기술뿐만 아니라 그 지식과 기술을 올바로 사용할 수 있는 인격과 품격을 갖추어야 하기 때문에 인성교육이 중요한 것이다(이정은, 2009). 한국교육학회(2001)는 인성교육의 목적을 다음과 같이 제시하였다.

첫째, 무엇보다도 자기 자신을 바르고 정확하게 이해하도록 하는 일이다. 자기 자신을 올바르게 이해하는 사람은 가장 합리적이고 현실적인 행동을 선택하고 실행할 수 있기 때문이다.

둘째, 자기 자신을 존중하고 수용하게 하는 일이다. 이는 이기적인 품성과는 전혀 다른 성질의 것이다. 자기 존중이 없으면 자기를 비하하거나 학대하게 되고 반사회적인 행동을 나타내기도 한다.

셋째, 자기 자신의 일시적인 감정이나 행동을 통제하고 조절할 수 있는 능력을 함양시키는 일이다. 바람직한 인성의 소유자는 자신의 본능적인 행동이나 감정을 생산적이고 창조적인 방식으로 승화시켜 표현할 줄 안다.

넷째, 올바른 현실감각을 길러주는 일이다. 이상이나 기대를 지나치게 앞세운 나머지 현실을 무시하고 행동하는 것은 타인과의 원만한 인간관계를 방해하나 자신의 환경을 정확히 이해하는 현실에 기초하는 사고는 건전한 인성의 필수적인 요소가 된다.

다섯째, 자기 자신뿐만 아니라 타인에 대한 공감적 이해와 존중의 자세를 함양하는 일이다. 공감이란 타인의 감정을 공유하는 것으로 상대방의 입장을 이해하면서도 결코 자신을 잃지 않는 것을 말한다.

인성교육의 목적이 잘 실현되기 위해서는 인성교육을 위한 법적·제도적 기반 구축, 인성교육중심의 학교문화 정착, 가정의 인성교육 역할 강화, 인성교육을 위한 범사회적 협력체제 구축 등이 필요하다(교육부, 2015).

3 영유아교사 인성교육의 필요성

우리나라는 급속한 산업화와 경제발전으로 인하여 가치관의 혼란과 사회병리적인 현상이 가속화되어 가고 있다. 즉, 이기주의, 황금만능주의, 공동체 의식의 상실, 도덕성의 상실 등이 점점 심해지고 있으며, 사회구성원들의 가치관의 혼란으로 인해 우리 사회가 병들어 가고 있다(전남련 외, 2015). 그러므로 건강한 사회를 만들기 위해서는 전 생애에 걸쳐 발달에 적합한 인성을 길러줄 수 있는 덕목을 가르쳐야 한다.

김윤환(1997)은 인성교육을 강화해야 하는 필요성을 다음과 같이 정리하고 있다.

① 발달심리적 측면: 인성은 어떤 경험을 하느냐에 따라 크게 변화되고, 그 사람의 삶의 방향과 도덕적 행위의 질적 수준도 이에 따라 결정된다.

② 개인적 측면: 다른 사람을 존중하고 다른 사람에게 폐가 되지 않도록 예절과 질서를 지키고, 서로 도우며 더불어 행복을 찾도록 하는 인성교육은 개인에게 행복을 가져다주는 기본이 된다.

③ 사회적 측면: 전통적인 가치의 상실, 이기주의, 황금만능주의, 공동체 의식의 상실, 도덕성의 상실 등이 심해지고 있으며, 이는 우리 사회를 병들게 하는 원인이 되고 있기도 하다. 풍요롭고 사랑이 넘치는 사회를 만들기 위하여 인성교육은 강화되어야 한다.

④ 시대적 측면: 각종 정보의 폭발적인 증가로 인한 급격한 변화와 발전의 시대를 맞이하게 됨에 따라 이러한 환경에 적응하면서 개인과 국가의 발전을 위해 노력할 수 있는 사람, 즉 바른 인성과 뛰어난 창의력과 튼튼한 신체를 가진 사람을 기르기 위한 것이다.

⑤ 민족·국가적 측면: 우리의 전통문화를 계승·발전시키고 공동체 의식을 높이는 교육과 민족의 동질성을 높이는 교육이 필요한데 국가 발전의 원동력이 되는 교육이 바로 인성교육이다.

「유아교육법」, 「인성교육진흥법」 등에서 교육의 궁극적인 목적은 새로운 지식과 경험의 습득과 함께 바람직한 인성을 형성시키기 위한 것으로 정의되듯이 교사의 바람직한 인성은 매우 중요하다. 교사는 영유아에게 지식 전달을 위한 교수–학습의 활동뿐만 아니라 영유아의 인성발달과 전인적인 성장을 도와주는 역할을 해야 하고 그 책임 또한 커졌다(박은혜, 2010).

인성교육활동을 운영하는 교사는 자신이 훌륭한 인성의 모델이 되는 것은 당연한 일이다(Ryan & Bohlin, 1999). 발달심리학적으로 볼 때 영유아가 성장하는 과정에서 경험하는 것들이 습관화되면 성격으로 형성된다. 따라서 영유아기에 어떤 경험을 하느냐가 인성형성에 상당히 중요한데 이 시기에 영유아와 밀접히 상호작용하는 교사의 모델링으로서의 영향력은 대단히 중요하다고 할 수 있다.

교사의 인성이 영유아에게 미치는 영향은 영유아의 사회·정서적 문제행동에 교사의 인성이 부모의 인성보다 더 많은 영향을 미치므로(이순복, 2009), 바른 인성함양을 위한 교사 인성교육이 요구된다. 영유아교사의 인성적 자질은 예비 영유아교사 양성과정을 통해 길러지는데, 교사로 입문하기 이전부터 꾸준히 긍정적인 인성을 내면화하는 과정이 절실히 필요하다(박경옥, 2010; 박은혜, 2016). 즉 영유아교사의 철학이나 가치관, 신념, 태도 등은 예비유아교사로서 양성교육을 받는 과정을 통해 형성되므로 영유아교사 양성기관에서는 교사로서의 바람직한 인성형성을 위한 교육과정을 모색할 필요가 있다(김형재 외, 2016). 다시 말해 영유아교사 자격 취득만으로 영유아교사로서의 인성과 자질을 갖추었다고 보기에는 무리가 있기 때문에 예비 영유아교사 양성교육의 단계에서부터 인성교육을 강화해야 한다.

이러한 측면에서 현행 교육부는 교원양성기관의 학생 선발·양성 및 자격 부여 단계에서 '인·적성 요소'를 강화하고 있으며, 재학 기간 중에 2회 이상의 '인·적성검사' 실시를 의무화하여 그 결과를 교사자격증 취득을 위한 무시험검증에 반영하도록 하고 있다. 또한 「인성교육진흥법」(2015)에 의해 교원양성기관의 장은 교직과목, 교양 및 전공과목 중 한 분야에 인성 관련 과목을 필수로 개설·운영해야 한다.

현행 유치원 교사 양성 과정의 교과목 중에 교사의 인성교육과 관련한 과목을 살펴보면, 교직과목으로 개설된 '생활 지도 및 상담'을 인성 관련 과목으로 대체해 개설·운영할 수 있으며, 교양·전공과목의 경우, 과목명에 '인성'을 포함해야 한다. 이런 사항을 반영하기 위해 시행규칙을 제정하고 있으며, 2017학년도 입학자부터 적용한다(김형재 외, 2016). 또한 교육실습을 통한 교사 인성교육의 기회를 갖도록 하는데, 특히 '교육봉사활동'이라는 과목을 두어 교사로서의 실습을 봉사활동이라는 차원과 연결 지을 수 있도록 하고 있다.

영유아기의 바람직한 인성형성은 건강한 민주시민으로 성장하게 하는 기초가 된다. 이 시기 영유아의 인성형성에 절대적인 영향을 미치는 교사는 언행의 모범을 보여야 하며, 이러한 측면에서 자신의 책무에 대해 엄격한 기준을 가져야 할 것이다.

4 영유아교사 인성교육의 원리

인성교육의 학습결과는 인성교육자의 자질을 능가하지 못한다. 즉, 똑같은 인성교육프로그램을 실시한다 하더라도 인성교육을 지도하는 인성교육자의 인성적 자질과 전문적 능력에 의해 학습효과는 판이하게 달라질 수 있다(김종연, 2006). Lickona(1993)는 인성교육을 잘 하기 위해 교사가 갖추어야 할 태도를 다음과 같이 제시하였다.

① 교사는 학생들을 잘 배려하고 훌륭한 멘토로서 행동하고, 학습토론과 일대일 지도를 통해 긍정적인 행동을 하는 모델이 되어야 한다.
② 학생들이 타인을 알고, 존경하고, 서로를 배려하고, 자신들이 존중받는 존재로 느낄 수 있는 도덕적 공동체를 만든다.
③ 타인을 존중하는 규칙을 만들고, 만들어진 규칙들이 자발적으로 잘 실천될 수 있도록 지도한다.
④ 학생들 스스로 결정을 내리고 공포 없는 학습 분위기를 만든다.
⑤ 자신이 가르치는 교육 내용을 통해 인성덕목을 가르친다.
⑥ 타인에게 감사하고 공동목적을 위해 함께 일하는 능력을 개발하기 위해 협동학습법을 사용한다.
⑦ 토론, 독서를 통해 깊은 반성적 사고를 하게 한다.
⑧ 교사의 개입 없이 스스로 문제를 푸는 방법을 배우도록 하기 위해 갈등해결 방법을 가르친다.

현장에서 영유아들의 인성교육을 직접 담당하는 교사의 태도는 실로 중요하다. 영유아를 위한 인성교육이 긍정적인 결과를 가져오기 위해서는 교사의 인성이 중요하며, 따라서 영유아교사로서 바람직한 태도형성을 위한 교사인성교육이 반드시 필요하다고 할 수 있다. 영유아교사로서 필요한 인성과 자질은 학습되어져서 내면화되어야 한다. 영유아교사를 위한 인성교육이 진정한 성공을 거두기 위해서는 다양한 원리에 의해 이루어져야 하는데, 김영옥(2015)은 인성교육을 위한 원리로서 다음의 8가지 원리를 제시하고 있다.

1) 통합성

영유아교육이 본래 통합적인 특징을 가지고 있지만 그 구심점에는 인성교육이라는 목표가 있어야 함을 의미한다. 인성교육은 어떤 특정한 영역만이 아니라 모든 영역들이 교사가 생활하는 모든 시간과 공간 속에서 통합되어 이루어져야 한다.

2) 관계성

인성교육은 다른 어떤 교수·학습 방법보다도 동료교사들과의 관계, 또는 상호작용을 하는 다른 사람들과의 관계 속에서 이루어진다. 따라서 좋은 사람들과의 만남과 훌륭한 자질을 갖춘 사람들과의 상호작용이 중요하다.

3) 자율성

인성교육은 궁극적으로 바른 가치관을 향해 실천해 나가도록 돕는 과정이다. 그러므로 영유아교사는 다양한 도덕적 딜레마에서 자신의 의견을 표현해 보고 일상생활의 문제를 스스로 해결해 보는 경험이 중요하다.

4) 협동성

사람은 혼자서 살아갈 수 없는 존재이다. 인성교육 역시 혼자서 습득할 수 있는 지식이 아니므로 동료교사나 다른 성인들과 협력해 보는 교류의 경험이 중요하다.

5) 반복성

인성교육은 계속 반복하여 이루어져야 한다. 바람직한 행동특성을 학습했다 하더라도 없어져 버리거나 습관화되지 못할 수 있다. 그러므로 영유아교사는 반복적인 연습을 통하여 자신의 인성으로 내재화하도록 해야 한다.

6) 동시성

인성교육은 따로 일어나기보다는 동시에 연계되어 이루어진다는 것이다. 예를 들어, 동료교사의 의견을 경청하는 것도 '소통'과 '존중'이 동시에 연관되어 있다.

7) 누적성

인성교육은 일회성이 아니라 쌓아가는 것이다. 반성과 탐구를 통하여 내공을 쌓아가듯 시간과 노력의 과정을 통하여 다듬어지고 용량이 늘어나며 정교해지는 것이다.

8) 지속성

인성교육은 일정기간에만 일어나는 것이 아니라 꾸준한 노력과 실천을 통해 지속적으로 내면화·습관화되어야 한다.

영유아교사의 인성교육은 교사가 생활하는 모든 일상적인 시간과 공간 속에서 통합적인 과정으로 이루어져야 하며, 혼자서가 아니라 좋은 인성적 자질을 갖춘 사람들과의 협동적 관계 속에서 이루어져야 한다. 또한 인성교육은 특정한 시간에만 실시되는 것이 아니라, 지속적으로 반복적인 연습을 통하여 누적되고 내면화되도록 해야 한다.

5 영유아교사 인성교육의 교수·학습 방법

영유아교사들을 위한 인성교육은 통합적·협동적·지속적·자발적·반복적으로 시행되어 실천으로 이어져야 할 것이다. 이를 위한 인성교육의 구체적인 방법으로 토의, 역할극, 스토리텔링, 글쓰기 또는 그림그리기, 시청각자료의 활용, 현장학습이 활용될 수 있으며(이병석 외, 2010), 또한 도서 활용 및 전문가 활용(전남련 외, 2015), 그리고 교육기관에서의 인성 관련 교과목 이수 등을 제안하고자 한다.

1) 토의

토의는 도덕적 문제에 대해 각자의 생각이나 의견, 경험 등을 교환하면서 가치와 규범에 대한 합리적인 이해를 통한 내면화를 도와주고 더 자율적으로 실천에까지 이르게 하는 방법이다. 토의는 민주주의 정신과 태도를 그 기본 바탕으로 하고 있다.

2) 역할극

영유아교사들에게 어떤 상황 또는 장면에 처해 보게 하거나 특정 역할을 구체적으로 경험해 보게 함으로써 바람직한 인간관계나 가치의 문제를 보다 깊이 이해시키고 도덕적 사고력과 판단능력을 향상시키고 도덕적 행동의 성향을 증진시키는 방법이다.

3) 스토리텔링

교훈적이고 감명 깊은 이야기를 통해 인성덕목에 관한 이해와 사고력을 심화시키고, 감동을 통해 실천의욕을 증진시키는 방법이다. 스토리텔링은 준비하기가 용이하고 쉽게 접근할 수 있는 반면에, 훈화나 교훈과 같이 지루하게 느껴질 가능성이 높은 단점이 있다.

4) 글쓰기 또는 그림그리기

훌륭한 인물이나 선행 또는 덕목에 대해 글쓰기나 그림그리기를 함으로써 도덕적 사고력을 심화시키고 자신의 감동을 극대화하여 행동으로까지 실천하고자 다짐하게 하는 좋은 방법이다.

5) 시청각자료의 활용

인성덕목과 관련된 시청각적인 자료들을 활용하여 인지적으로 정확히 알게 하고, 정서적 감동을 유발할 수 있다.

6) 현장학습

현장을 직접 방문하여 체험해 봄으로써 사회적 규범과 질서를 습득하여 실천에 옮길 수 있도록 도와주는 방법이다. 인성덕목들이 실현되는 사회 현장을 방문하여 실제 상황을 경험함으로써 인성을 함양시켜 나가는 방법이다. 예를 들어 양로원이나 노숙자 쉼터 등의 방문과 같은 실천적 경험은 사회적·도덕적 인성을 함양시킬 수 있다.

7) 도서 활용

도서 활용방법은 다양한 인성덕목 주제별로 구성된 책을 이용하여 간접적인 경험을 제공할 수 있는 방법이다. 책을 통하여 다른 사람들의 생활 경험, 느낌을 공감하고 도덕적 판단기준을 스스로 갖게 할 수 있고 실천의욕을 증진시킬 수 있다. 예를 들어 역사적으로 인성이 좋은 실존 인물이나 현존하고 있는 인물 가운데 도덕성이 좋은 사람에 대한 문학작품을 제시하여 그 사람의 품성을 배울 수 있는 기회를 제공해 줄 수 있다.

8) 전문가 활용

인성교육 덕목에 관한 주제를 선정하여 전문가를 초청하거나 전문가를 방문하여 이야기를 듣거나 인터뷰를 통해 인성덕목에 대해 궁금한 내용을 질문함으로써 인성교육 덕목 주제에 대해 깊이 있게 연구하고 알아볼 수 있는 방법이다.

9) 교육기관에서의 인성 관련 교과목 이수

자신을 변화시키고 이를 위해 지속적으로 학습할 수 있는 능력은 현대와 미래 사회에서 특히 요구되고 있다. 주도적으로 학습하고, 즐겁게 학습하며, 함께 학습할 수 있는 능력은 개인의 성장·발달을 이끄는 힘이 될 것이다. 성인기 인성에 관한 인식 및 요구도에 관한 연구에 의하면 성인기 인성교육의 방법으로 대학, 대학원, 평생교육원과 같은 교육기관에서의 교과목을 이수하는 것이 가장 바람직한 것으로 나타났다(홍순정·강경희·박정자·오윤례·이숙희·전방실·정미자, 2016 재인용).

6 영유아교사 인성교육의 방향

현행 인성교육은 인성교육을 행하는 데 있어 한 인간 전체를 다루면서 장기적인 계획을 세우는 것이 아니라 단시간 내에 가시적인 효과를 낳는데 집중하고 있으며, 인성교육의 방법에 있어서도 교화의 관점으로 이해하여 외부의 규칙이나 규범을 수동적으로 받아들이는 것으로 이해하는 문제점을 가지고 있다. 또한 인성교육프로그램 내용이 체계적·조직적으로 이루어지지 못하고 있어 특정 덕목만을 강조하는 경향이 있으며, 인성교육을 교육전체의 책임으로 보는 것이 아니라 도덕과 교육의 문제로 취급하는 문제점을 지니고 있다(강선보·박의수·김귀성·송순재·정윤경·김영래·고미숙, 2015).

이러한 측면에서 인성교육을 실천하는 영유아교사를 위한 인성교육은 새로운 시대에 맞추어 좀 더 확장된 시각으로 재정립해야 하며, 그 기본 방향을 제시하면 다음과 같다(강선보 외, 2015).

첫째, 영유아교사를 위한 인성교육은 주체적이고 능동적인 사유와 행위를 통하여 자기 삶의 중심을 스스로 세우고 자기 성찰할 수 있는 사람을 길러내는 교육이 되어야 한다.

둘째, 영유아교사를 위한 인성교육은 상생(相生)의 삶을 살아갈 수 있는 사람을 길러내는 교육이 되어야 한다.

셋째, 영유아교사를 위한 인성교육은 물질문명에 매몰되지 않고 인류의 근본경험에 속하는 정신성을 삶의 핵심적 계기로 추구할 수 있도록 이끌어주는 교육이 되어야 한다.

이와 같은 21세기 인성교육의 기본방향을 실천해 나가기 위해서 요구되는 인성교육의 구성요소는 다음과 같다(전남련 외, 2015).

① 관계성(Relationship): 나와 타자만의 관계를 일컫는 것이 아니고 나와 자기 자신, 타자, 자연, 지구, 우주에 이르기까지 생물과 무생물 모두를 포함하며 모든 것과 관련이 있고 서로 연결되어 있다는 통찰을 포함한다. 인간 각자는 서로의 인성함양에 책임이 있으며 사회공동체 속에서 타인과의 관계를 통해 형성된 공동 존재의 품성이라는 것을 이해해야 한다.

② 도덕성(Morality): 21세기형 인성을 갖춘 사람은 상황과 맥락을 벗어난 어떤 고정된 덕목을 소유한 사람이라기보다는 상황에 따라 행해야 하는 바른 덕목을 실천할 수 있는 자, 앎과 행위, 이론과 실천이 조화된 사람이어야 한다.

③ 전체성(Wholeness): 인간의 모든 측면들, 즉 지성·감성·신체·상상력·영성·창의성·사회성·도덕성·심미성 등 모든 측면들을 골고루 조화롭게 발달시켜 전체적이고 통합적이며 유기체적인 인간으로 이해해야 한다.

④ 생명성(Life Theory): 생명은 모든 가치의 근원임에도 불구하고 오늘날 그 어느 때보다 생명의 존엄성이 손상되고 있다. 인간·자연·우주 이 모든 것을 하나의 생명으로 보고 이들 간의 관계를 인식하도록 해야 한다.

⑤ 창의성(Creativity): 미래사회에서는 지식을 많이 알고 있는 인간보다는 다양한 지식을 통합해서 응용하고 재창조하는 창의적 사고를 가진 사람들이 주도하는 사회가 도래한다. 따라서 지식의 부가가치를 높이고 지식의 생산성을 높이기 위하여 새로운 지식을 창출해 낼 수 있는 창의력을 길러주는 교육이 필요하다.

⑥ 민주시민성(The Democratic Citizens): 더불어 살아가는 데 필요한 공동체 의식을 함양하고 공동체에 적극적으로 참여하는 민주시민으로서의 능력을 길러주기 위해서는 인간을 존중하는 태도, 자율적인 삶의 태도, 주인의식, 관용의 정신, 합리적 정신과 태도, 의무수행과 준법정신, 공동체 의식의 함양 등이 추구되어야 한다.

HAPTER 6 인성교육진흥법에 기초한 영유아교사를 위한 8대 인성덕목

1 인성교육진흥법

최근 2015 개정교육과정에서 추구하는 인간상은 "공동체 의식을 가지고 세계와 소통하는 민주시민으로서 배려와 나눔을 실천하는 더불어 사는 사람 등"으로 정립되었고, 이러한 인간상을 교육을 통해 육성하기 위한 한 가지 방안으로 「인성교육진흥법」이 2014년 12월 29일 국회에 통과되어 2015년 7월 21일부터 시행되었다. 「인성교육진흥법」은 유치원에서부터 초·중·고등학교에 이르기까지 학교에서 인성교육을 진흥하자는 법안으로, 이는 '인간으로서의 존엄과 가치를 보장'하며, '올바른 국민 육성'을 통한 '국가사회의 발전'을 목적으로 인성을 함양한 학습자들을 길러내겠다는 취지이다.

이 법에서 인성교육은 자신의 내면을 올바르고 건전하게 가꾸어 타인, 공동체, 자연과 더불어 살아가는 데 필요한 인간다운 성품과 역량을 기르는 것을 목적으로 하는 교육이라고 정의함으로써 인성은 인간다운 성품과 역량을 갖춤으로써 형성, 발달되어 가는 것으로 보았다. 인성교육의 핵심가치 덕목은 예, 효, 정직, 책임, 존중, 배려, 소통, 협동 등의 마음가짐이나 사람됨과 관련된 핵심적인 가치 또는 덕목이며, 핵심역량은 핵심덕목을 실천하는 데 필요한 지식, 공감, 의사소통

능력, 갈등해결능력을 통합한 능력으로 정의하고 있다.

이러한 핵심 가치·덕목과 인성역량을 육성하기 위해 '성품 및 인성역량 중심 교육'이라는 교육방향을 설정하였다. 즉 인성 가치·덕목을 주입식으로 지도하기보다는 미래사회를 성공적으로 살아가기 위해 필요한 바람직한 성품 및 인성역량들을 중심으로 참여형 인성교육을 설계하고, 앎이 실천으로 연결될 수 있도록 교육활동을 체계적으로 조직해야 함을 의미한다(교육부, 2016).

인성교육의 핵심가치 덕목 여덟 가지를 기준으로 인성교육의 주제와 특징을 구체화시키면 다음과 같다.

〈표 6-1〉 「인성교육진흥법」의 인성교육 주제 및 특징

핵심 덕목	의 미	관련 덕목 및 인성 특징
예절	여러 사람이 함께 살아가기 위해 필요한 절차나 질서를 준수하려는 마음가짐과 태도	친절, 겸손
효도	자신을 낳아주시고 길러주신 부모님께 감사하는 마음을 갖고 공경하고 봉양하려는 도리와 태도	우애, 경애
정직	거짓이나 꾸밈이 없이 바르고 곧은 마음	신의, 공정성, 충성
책임	공동체 내에서 공동선의 실현을 위해 각 구성원들에게 부여된 역할과 의무를 충실히 수행하려는 태도	역할책임, 행위책임
존중	사람이나 사물의 가치를 알고 소중히 여기는 태도	자기존중, 타인존중, 생명존중
배려	타인을 도와주거나 보살펴 주려는 마음	공감, 감정이입, 연민, 관용
소통	타인의 관점과 감정을 이해하여 긍정적인 관계를 유지하고 소통하는 능력 및 공동의 문제를 해결하기 위해 상호간에 협력할 수 있는 능력	관점의 변화, 정보공유
협동	서로 마음과 힘을 합하여 목표를 달성하기 위해 도움을 주고받는 모든 행위	공동체 의식, 연대성, 조화

인성교육진흥법

제1조(목적) 이 법은 「대한민국헌법」에 따른 인간으로서의 존엄과 가치를 보장하고 「교육기본법」에 따른 교육이념을 바탕으로 건전하고 올바른 인성(人性)을 갖춘 국민을 육성하여 국가사회의 발전에 이바지함을 목적으로 한다.

제2조(정의) 이 법에서 사용하는 용어의 뜻은 다음과 같다.

1. "인성교육"이란 자신의 내면을 바르고 건전하게 가꾸고 타인·공동체·자연과 더불어 살아가는 데 필요한 인간다운 성품과 역량을 기르는 것을 목적으로 하는 교육을 말한다.
2. "핵심 가치·덕목"이란 인성교육의 목표가 되는 것으로 예(禮), 효(孝), 정직, 책임, 존중, 배려, 소통, 협동 등의 마음가짐이나 사람됨과 관련되는 핵심적인 가치 또는 덕목을 말한다.
3. "핵심 역량"이란 핵심 가치·덕목을 적극적이고 능동적으로 실천 또는 실행하는 데 필요한 지식과 공감·소통하는 의사소통능력이나 갈등해결능력 등이 통합된 능력을 말한다.
4. "학교"란 「유아교육법」 제2조제2호에 따른 유치원 및 「초·중등교육법」 제2조에 따른 학교를 말한다.

제3조(다른 법률과의 관계) 인성교육에 관하여 다른 법률에 특별한 규정이 있는 경우를 제외하고는 이 법에서 정하는 바에 따른다.

제4조(국가 등의 책무) ① 국가와 지방자치단체는 인성을 갖춘 국민을 육성하기 위하여 인성교육에 관한 장기적이고 체계적인 정책을 수립하여 시행하여야 한다.

② 국가와 지방자치단체는 학생의 발달 단계 및 단위 학교의 상황과 여건에 적합한 인성교육 진흥에 필요한 시책을 마련하여야 한다.

③ 국가와 지방자치단체는 학교를 중심으로 인성교육활동을 전개하고, 인성 친화적인 교육환경을 조성할 수 있도록 가정과 지역사회의 유기적인 연계망을 구축하도록 노력하여야 한다.

④ 국가와 지방자치단체는 학교 인성교육의 진흥을 위하여 범국민적 참여의 필요성을 홍보하도록 노력하여야 한다.

⑤ 국민은 국가 및 지방자치단체가 추진하는 인성교육에 관한 정책에 적극적으로 협력하여야 한다.

제5조(인성교육의 기본방향) ① 인성교육은 가정 및 학교와 사회에서 모두 장려되어야 한다.

② 인성교육은 인간의 전인적 발달을 고려하면서 장기적 차원에서 계획되고 실시되어야 한다.

③ 인성교육은 학교와 가정, 지역사회의 참여와 연대 하에 다양한 사회적 기반을 활용하여 전국적으로 실시되어야 한다.

제6조(인성교육종합계획의 수립 등) ① 교육부장관은 인성교육의 효율적인 추진을 위하여 대통령령으로 정하는 관계 중앙행정기관의 장과의 협의와 제9조에 따른 인성교육진흥위원회의 심의를 거쳐 인성교육종합계획(이하 "종합계획"이라 한다)을 5년마다 수립하여야 한다.

② 종합계획에는 다음 각 호의 사항이 포함되어야 한다.

1. 인성교육의 추진 목표 및 계획
2. 인성교육의 홍보
3. 인성교육을 위한 재원조달 및 관리방안
4. 인성교육 핵심 가치·덕목 및 핵심 역량 선정에 관한 사항

5. 그밖에 인성교육에 관하여 필요한 사항으로 대통령령으로 정하는 사항

③ 교육부장관은 종합계획의 중요사항을 변경하는 경우 제1항에 따른 관계 중앙행정기관의 장과의 협의와 제9조에 따른 인성교육진흥위원회의 심의를 거쳐야 한다. 다만, 법령의 개정이나 관계 중앙행정기관의 관련 사업계획 변경 등 경미한 사항을 변경하는 경우에는 그러하지 아니하다.

④ 교육부장관은 제1항 또는 제3항에 따라 종합계획을 수립하거나 변경하였을 때에는 지체 없이 이를 관계 중앙행정기관의 장에게 통보하여야 한다.

⑤ 교육부장관은 종합계획을 수립하기 위하여 인성교육의 진흥에 관한 실태조사를 5년마다 실시할 수 있다. 〈신설 2018. 12. 18.〉

⑥ 교육부장관은 제5항에 따른 실태조사를 위하여 관계 중앙행정기관의 장 및 지방자치단체의 장 등 관련 기관·단체의 장에게 필요한 자료 제출을 요청할 수 있다. 이 경우 요청을 받은 자는 특별한 사유가 없으면 이에 협조하여야 한다. 〈신설 2018. 12. 18.〉

⑦ 특별시·광역시·특별자치시·도 및 특별자치도 교육감(이하 "교육감"이라 한다)은 종합계획에 따라 해당 지방자치단체의 연도별 인성교육시행계획(이하 "시행계획"이라 한다)을 수립·시행하여야 한다. 〈개정 2018. 12. 18.〉

⑧ 교육감은 제7항에 따라 시행계획을 수립하거나 변경하였을 때에는 이를 지체 없이 교육부장관에게 통보하여야 한다. 〈개정 2018. 12. 18.〉

⑨ 종합계획 및 시행계획의 수립·시행과 실태조사의 방법 등에 필요한 사항은 대통령령으로 정한다. 〈개정 2018. 12. 18.〉

[시행일 : 2019. 6. 19.] 제6조

제7조(계획수립 등의 협조) ① 교육부장관과 교육감은 종합계획 또는 시행계획의 수립·시행 및 평가를 위하여 필요한 경우 관계 중앙행정기관의 장, 지방자치단체의 장 및 교육감 등에게 협조를 요청할 수 있다.

② 제1항에 따른 협조를 요청받은 자는 특별한 사유가 없으면 이에 따라야 한다.

제8조(공청회의 개최) ① 교육부장관과 교육감은 종합계획 및 시행계획을 수립하려는 때에는 공청회를 열어 국민 및 관계 전문가 등으로부터 의견을 청취하여야 하며, 공청회에서 제시된 의견이 타당하다고 인정되는 때에는 이를 종합계획 및 시행계획 수립에 반영하여야 한다.

② 제1항에 따른 공청회 개최에 필요한 사항은 대통령령으로 정한다.

제9조(인성교육진흥위원회) ① 인성교육에 관한 다음 각 호의 사항을 심의하기 위하여 교육부장관 소속으로 인성교육진흥위원회(이하 "위원회"라 한다)를 둔다.

1. 인성교육정책의 목표와 추진방향에 관한 사항
2. 종합계획 수립에 관한 사항
3. 인성교육 추진실적 점검 및 평가에 관한 사항
4. 인성교육 지원의 협력 및 조정에 관한 사항
5. 그 밖에 인성교육 지원을 위하여 대통령령으로 정하는 사항

② 위원회는 위원장을 포함한 20명 이내의 위원으로 구성한다.

③ 위원회의 위원장은 위원 중에서 호선하되, 공무원이 아닌 사람으로 한다.

④ 위원회의 위원은 다음 각 호의 어느 하나에 해당하는 사람 중에서 대통령령으로 정하는 바에 따라 교육부장관이 임명 또는 위촉한다. 이 경우 위원은 공무원이 아닌 사람이 과반수가 되도록 한다.

1. 교육부차관, 문화체육관광부차관(문화체육관광부장관이 지명하는 차관), 보건복지부차관 및 여성가족부차관
2. 국회의장이 추천하는 사람 3명
3. 인성교육에 관한 학식과 경험이 풍부한 사람 중에서 대통령령으로 정하는 사람

⑤ 위원회가 심의한 사항을 집행하기 위하여 인성교육진흥과 관련된 조직·인력·업무 등에 필요한 사항은 교육부령으로 정한다.
⑥ 그밖에 위원회의 구성·운영에 필요한 사항은 대통령령으로 정한다.

제10조(학교의 인성교육 기준과 운영) ① 교육부장관은 대통령령으로 정하는 바에 따라 학교에 대한 인성교육 목표와 성취 기준을 정한다.
② 학교의 장은 제1항에 따른 인성교육의 목표 및 성취 기준과 교육대상의 연령 등을 고려하여 대통령령으로 정하는 바에 따라 매년 인성에 관한 교육계획을 수립하여 교육을 실시하여야 한다.
③ 학교의 장은 인성교육의 핵심 가치·덕목을 중심으로 학생의 인성 핵심 역량을 함양하는 학교 교육과정을 편성·운영하여야 한다.
④ 학교의 장은 인성교육 진흥을 위하여 학교·가정·지역사회와의 연계 방안을 강구하여야 한다.

제11조(인성교육 지원 등) ① 국가 및 지방자치단체는 가정, 학교 및 지역사회에서의 인성교육을 지원하기 위한 교육프로그램(이하 "인성교육프로그램"이라 한다)을 개발하여 보급하여야 한다.
② 국가와 지방자치단체는 인성교육프로그램의 구성 및 운용 등을 전문단체 또는 전문가에게 위탁할 수 있다.
③ 교육부장관과 교육감은 인성교육프로그램의 구성 및 운용 계획을 해당 학교 인터넷 홈페이지에 게시하는 등의 방법으로 학부모에게 알릴 수 있도록 하여야 한다. 〈개정 2017. 12. 19.〉
④ 학부모는 국가, 지방자치단체 및 학교의 인성교육 진흥 시책에 협조하여야 하고, 인성교육을 위하여 필요한 사항을 해당 기관의 장에게 건의할 수 있다.
⑤ 그밖에 가정, 학교 및 지역사회에서의 인성교육 진흥 등에 필요한 사항은 대통령령으로 정한다.

제12조(인성교육프로그램의 인증) ① 교육부장관은 인성교육 진흥을 위하여 인성교육프로그램을 개발·보급하거나 인성교육과정을 개설(開設)·운영하려는 자(이하 "인성교육프로그램개발자등"이라 한다)에 대하여 인성교육프로그램과 인성교육과정의 인증(이하 "인증"이라 한다)을 할 수 있다.
② 인증을 받고자 하는 인성교육프로그램개발자등은 교육부장관에게 신청하여야 한다.
③ 교육부장관은 제2항에 따라 인증을 신청한 인성교육프로그램 또는 인성교육과정이 교육 내용·교육시간·교육과목·교육시설 등 교육부령으로 정하는 인증기준에 적합한 경우에는 이를 인증할 수 있다.
④ 제3항에 따른 인증을 받은 자는 해당 인성교육프로그램 또는 인성교육과정에 대하여 교육부령으로 정하는 바에 따라 인증표시를 할 수 있다.
⑤ 제3항에 따른 인증을 받지 아니한 인성교육프로그램 또는 인성교육과정에 대하여 제4항의 인증표시를 하거나 이와 유사한 표시를 하여서는 아니 된다.
⑥ 제1항부터 제3항까지에 따른 인증의 절차 및 방법 등에 필요한 사항은 교육부령으로 정한다.
⑦ 교육부장관은 제1항부터 제3항까지에 따른 인증 업무를 교육부령으로 정하는 바에 따라 전문기관 또는 단체 등에 위탁할 수 있다.

제13조(인증의 유효기간) ① 제12조제3항에 따른 인증의 유효기간은 인증을 받은 날부터 3년으로 한다.

② 제1항에 따른 유효기간은 1회에 한하여 2년 이내에서 연장할 수 있다.
③ 제2항에 따른 인증의 연장신청, 그밖에 필요한 사항은 교육부령으로 정한다.

제14조(인증의 취소) 교육부장관은 제12조제3항에 따라 인증한 인성교육프로그램 또는 인성교육과정이 다음 각 호의 어느 하나에 해당하는 경우에는 그 인증을 취소할 수 있다. 다만, 제1호에 해당하는 경우에는 취소하여야 한다.

1. 거짓, 그 밖의 부정한 방법으로 인증받은 경우
2. 제12조제3항에 따른 인증기준에 적합하지 아니하게 된 경우

제15조(인성교육 예산 지원) 국가 및 지방자치단체는 인성교육 지원, 인성교육프로그램 개발·보급 등 인성교육 진흥에 필요한 비용을 예산의 범위에서 지원하여야 한다.

제16조(인성교육의 평가 등) ① 교육부장관 및 교육감은 종합계획 및 시행계획에 따른 인성교육의 추진성과 및 활동에 관한 평가를 1년마다 실시하여야 한다.
② 교육부장관과 교육감은 인성교육 평가결과를 종합계획 및 시행계획에 반영할 수 있다.
③ 그 밖에 인성교육의 추진성과 및 활동 평가에 필요한 사항은 대통령령으로 정한다.

제17조(교원의 연수 등) ① 교육부장관과 교육감은 학교의 교원(이하 "교원"이라 한다)이 대통령령으로 정하는 바에 따라 일정시간 이상 인성교육 관련 연수를 이수하도록 하여야 한다. 〈개정 2017. 12. 19.〉.
② 「고등교육법」 제41조에 따른 교육대학·사범대학(교육과 및 교직과정을 포함한다) 등 이에 준하는 기관으로서 교육부령으로 정하는 교원양성기관은 예비교원의 인성교육 지도 역량을 강화하기 위하여 관련 과목을 필수로 개설하여 운영하여야 한다.

제18조(학교의 인성교육 참여 장려) 학교의 장은 학생의 제11조제1항에 따른 지역사회 등의 인성교육 참여를 권장하고 지도·관리하기 위하여 노력하여야 한다.

제19조(언론의 인성교육 지원) 국가 및 지방자치단체는 범국민적 차원에서 인성교육의 중요성에 대한 인식을 공유하고 이들의 참여의지를 촉진시키기 위하여 필요한 경우 언론(「언론중재 및 피해구제 등에 관한 법률」 제2조에 따른 방송, 신문, 잡지 등 정기간행물, 뉴스통신 및 인터넷신문 등을 포함한다)을 이용하여 캠페인 활동을 전개하도록 노력하여야 한다.

제20조(전문인력의 양성) ① 국가 및 지방자치단체는 인성교육의 확대를 위하여 필요한 분야의 전문인력을 양성하여야 한다.
② 교육부장관 및 교육감은 제1항에 따른 전문인력을 양성하기 위하여 교육 관련 기관 또는 단체 등을 인성교육 전문인력 양성기관으로 지정하고, 해당 전문인력 양성기관에 대하여 필요한 경비의 전부 또는 일부를 지원할 수 있다.
③ 제2항에 따른 인성교육 전문인력 양성기관의 지정기준은 대통령령으로 정한다.

제21조(권한의 위임) 교육부장관은 이 법에 따른 권한의 일부를 대통령령으로 정하는 바에 따라 교육감에게 위임할 수 있다.

제22조(과태료) ① 다음 각 호의 어느 하나에 해당하는 자에게는 500만원 이하의 과태료를 부과한다.
1. 거짓이나 그 밖의 부정한 방법으로 제12조에 따른 인증을 받은 자
2. 제12조제5항을 위반하여 인증표시를 한 자
② 제1항에 따른 과태료는 대통령령으로 정하는 바에 따라 교육부장관이 부과·징수한다.

부　칙 〈법률 제13004호, 2015. 1. 20.〉

이 법은 공포 후 6개월이 경과한 날부터 시행한다.

부　칙 〈법률 제14396호, 2016. 12. 20.〉

이 법은 공포한 날부터 시행한다.

부　칙 〈법률 제15233호, 2017. 12. 19.〉

이 법은 공포 후 6개월이 경과한 날부터 시행한다.

2 영유아교사를 위한 8대 인성덕목

1) 예절(禮節)

(1) 예절의 개념 및 필요성

- 일류가 되기 위해서는 인간미와 도덕성을 회복하고 예의범절과 에티켓을 지켜야 한다.
  –이건희(기업인)
- 훌륭한 예절이란 타인의 감정을 고려해 표현하는 기술이다. –밀러(미국 작가)
- 군자가 예절이 없으면 역적이 되고, 소인이 예절이 없으면 도적이 된다.
  –〈명심보감〉

예절이란 예의범절(禮儀凡節)의 준말로서 예의는 에티켓에, 범절은 매너에 해당되는 행동규범이다. 예절은 사람이 사람답게 이 세상을 살아감에 있어 꼭 필요한 도리요, 질서이며, 우리가 약속해 놓은 생활방식(生活方式)이다. 예절에서의 약속은 어떤 형식상의 절차에 따라 이루어진 것이 아니고 누구든지 다 그렇게

하기 때문에 하나의 관습이 되고, 그 관습이 쌓여서 약속이 된 것이라 할 수 있다(한양순, 2016). 예절의 개념을 보다 구체적으로 말하면, 일상생활에서 자신과 다른 사람을 위하여 우리 모두가 바른 행동이나 말씨 또는 몸가짐 등을 지니기 위하여 지켜야 할 행동규범을 말한다(나미경, 2003).

예절은 인간에게 가장 선하고 바른 생활방식이라는 보편적인 특성을 가지며 예의, 예절, 에티켓, 매너 등과 같은 뜻으로 쓰인다. 예는 보편적 가치를 담고 있지만 그렇다고 불변의 것을 상징하는 것은 아니며, 때와 장소에 따라 또 상대방에 따라 구체적 실천은 변할 수 있는 것이다. 그리고 이러한 변화 가능성은 자신의 것을 내어놓고, 타인의 것을 받아들이는 과정 속에서 '우리'라는 공동체의 성원들이 새롭게 그 의미를 만들어감을 허용한다(배병삼, 2012).

현대사회에서는 종교, 도덕, 법률이 분리되어 각각 그 역할을 수행해 나가고 있지만, 고대의 원시사회에서는 인지의 미발달과 함께 사회 자체의 성격이 이러한 모든 것들을 포괄하여 형성하고 있었으므로, 예란 이러한 미분화된 총체적 개념이라 할 수 있었다. 이러한 총체적인 개념으로서의 예가 사회의 발달과 함께 다양한 분야에 적용되어 국가의 전장제도, 도덕법칙, 인간이 지켜야 할 질서 등 다양한 의미를 지니게 되었다. 그러므로 예는 그 사회의 문화현상 전반을 가리키는 것으로 이해할 수 있다(최영갑·도민재, 2013).

우리 속담에 '세 살 버릇 여든까지 간다'라는 말이 있다. 어린이가 잘못된 행동을 하거나 좋지 않은 습관이 있을 때 하게 되는 말이다. 오늘날의 교육여건은 공교육 중심이므로 가정에서 예절을 익히고 가르치기보다는 공교육에 의존하는 경향이 강하여 공교육에서 예절교육의 필요성은 더욱 절실히 요구되고 있다(이금희, 2011). 특히 연령이 어린 영유아들이 머무는 시간이 상대적으로 긴 영유아 교육기관에서는 전체 교육과정 속에서 자연스럽게 예절을 습득하는 것이 중요하다. 이러한 측면에서 영유아에게 예절을 실제적으로 적용하는 교사의 예절에 대한 의식 및 실천이 중요하다고 할 수 있겠다(이금희, 2011).

(2) 예절교육의 원리 및 실천

김정신 외(2004)는 조선시대에 초학교재(初學教材)로 사용하였던 교훈서에 제시된 예절교육방법의 원리인 모방학습, 조기교육의 원리, 지행일치의 원리, 생활교육의 원리, 경전 들려주기를 강조하였으며, 한영희(2013)는 율곡예절교육의 원리를 모방교육의 원리, 지행합일의 원리, 평생교육의 원리, 개별교육의 원리로 정리하여 제시하였다. 각각의 원리를 자세히 살펴보면 다음과 같다.

❶ 모방교육의 원리

모방교육이란 학습자에게 바람직한 도덕적 모범을 제공하여 이를 따라 배우도록 하는 원리를 말한다. 즉, 가르치는 사람이 모범적인 행동을 직접 보임으로써 배우는 자들이 감화를 받아 스스로 깨닫게 한다는 것이다.

❷ 지행합일교육의 원리

지행합일교육이란 지식과 실천적 행위를 조화롭게 하는 교육을 말한다. 배우는 사람들로 하여금 도덕적 가치규범을 알고 이를 실천하고자 하는 의욕을 지니게 함은 물론 이를 바탕으로 구체적인 생활 장면에서 그 가치규범을 행동으로 실천하는 데까지 나아가도록 그에 필요한 행위성향을 증진시키기 위해 노력하는 원리를 말한다.

❸ 평생교육의 원리

평생을 통한 지속적인 교육을 의미하는 것으로 개인의 신체적·인격적·사회적·정서적 성장과 발달을 위해 전생애를 통한 교육이 지속적으로 이루어져야 한다는 이념에 근거하고 있는 원리이다.

❹ 개별교육의 원리

개별 학습자의 요구와 능력 등에 적절한 학습활동의 기회를 주어야 한다는 원리이다.

우리나라는 예로부터 '동방예의지국'으로 칭송될 만큼 예절을 소중히 여겼고, '세 살버릇 여든까지 간다'는 속담을 만들어 낼 정도로 어릴 때부터 생활 속에서 언행을 바르게 하여 예절의 덕목을 키워야 함을 강조했다. 영유아기부터 습관화 되어야 하는 예절의 종류와 실천을 제시하면 다음과 같이 나누어 볼 수 있다(한영희, 2013).

• 개인예절

스스로 사람다워지려는 자기 수양의 예절로서(전남련 외, 2015), 인사예절과 언어예절로 나눌 수 있다.

- 인사예절: 상대방에게 반가움과 존중, 공경의 뜻을 행동으로 나타내는 예절이다.
- 언어예절: 언어예절은 말에 대한 사회적 약속이다. 이때 우리가 사용하는 언어는 대화의 매개체이면서 개인의 인격을 상징한다.
  - 대화 시에 겸손하게 말한다.
  - 용모와 태도를 바르고 조심스럽게 한다.
  - 상대방을 배려한다.
  - 필요이상의 욕심을 부리지 말고, 자신의 분수에 맞게 해야 한다.

• 가정생활예절

부모, 형제자매, 친척 간의 관계에서 사랑하고 존경하는 따뜻한 관계를 유지하기 위한 예절이다.

- 자식은 부모를 받들고 효도하며 봉양해야 한다.
- 부모는 자식을 낳아서 기르며 사랑으로 가르쳐야 한다.
- 부부간에 서로 존중하고 사랑하고 신뢰한다.
- 형은 동생을 사랑으로 배려하여 이끌어야 한다.
- 동생은 형을 공경하며 따라야 한다.

• 사회생활예절

질서 및 규칙준수, 공공장소에서의 예절 등 남과 어울려 함께 하는 데 필요한 예절이다.

– 자신의 소중함과 존엄성을 알고 다른 사람의 존엄성을 인정하는 공경과 겸손의 태도를 가진다.

– 직장에서는 근면·성실하고 청렴해야 한다.

'예절' 읽을거리

증인에 대한 예의

아내가 남편을 죽게 한 사건이 있었다. 그것이 고의인지 실수인지가 문제였다. 어느 쪽이든 지옥도인 것은 매한가지. 가정폭력, 알코올중독, 어린 친딸에 대한 추행. 이 가정의 지옥도를 밝혀내지 않고는 사건의 본질을 밝힐 수 없었다. 문제는 유일한 증인이 7세 딸아이라는 점이다. 증인신청서를 받아 들고 고민했다. 엄마가 아빠를 죽게 한 사건의 증인으로 불러 아빠가 평소 엄마와 자신에게 어떤 일을 저질렀는지 대답하게 하는 것, 그 자체가 폭력 아닌가. 하지만 검사, 변호인 모두 달리 방법이 없단다. 결국, 이모가 보호하고 있는 아이를 증인으로 부를 수밖에 없었다. 고민하고, 또 고민했다. 미국의 아동피해자 증언 매뉴얼을 찾아 읽어보았다. 참고는 되었지만, 정답은 없었다. 검사, 변호인에게 솔직히 고민을 토로하고 협조를 구했다. 그래도 불안했다.

드디어 증언 날, 법정이 아닌 소파가 있는 넓은 방에서 비공개로 열었다. 판사, 검사 모두 법복을 벗고 사복으로 갈아입었다. 임신부였던 검사는 법복을 벗자 옆집 아이 엄마 같았다. 판사실 여직원은 정성스레 애가 좋아할 만한 과자, 초콜릿을 소복이 담아 놓았다. 이모가 아이를 데리고 들어왔다. "안녕? 여기 아저씨, 아줌마들이 궁금한 게 있대. 우리 과자 먹으면서 얘기 좀 할래?" "네!" 뜻밖에도 아이는 밝고 해맑았다. 자기가 처한 비극의 의미를 이해하기에는 아직 어렸다.

검사, 변호인의 질문이 시작되었다. 그런데 그렇게 치열하게 다투던 양측이 모두 준비한 질문을 꿀꺽 삼키고 참는 것이 보였다. 고마웠다. 무사히 증언을 마치고, 아이를 잠시 내보낸 후 이모에게 물었다. 애 엄마가 아이를 잠깐이라도 보고 싶다는데 괜찮으냐. 피고인은 죄수복을 벗고 예쁜 사복을 입고 법정에서 대기하고 있었다. 이모는 반대했다. 엄마가 아파서 멀리 병원에 가 있다고 했는데, 지금 만나게 하면 애가 혼란해한다. 그 뜻을 존중했다. 싸 준 과자를 잔뜩 들고 신나서 아이가 돌아간 후 법정에 돌아가 피고인에게 전말을 이야기해 주었다. 피고인은 소리 없이 눈물만 흘렸다.

출처: http://m.chosun.com/svc/article.html?sname=premium&contid=2014060300107

2) 효도(孝道)

(1) 효도의 개념 및 필요성

- 물레를 돌리게 해도 효도일 수 있고, 잔칫상을 차려 드려도 불효일 수 있다.
  –유대 격언
- 부모님이 우리의 어린 시절을 아름답게 꾸며주셨으니, 이제는 우리가 부모님의 여생을 아름답게 꾸며드려야 한다. –생텍쥐페리(프랑스, 작가)
- 요즈음은 부모에게 물질로서 봉양함을 효도라 한다. 그러나 개나 말도 입에 두고 먹이지 않는가? 공경하는 마음이 여기에 따르지 않는다면 무엇으로써 구별하랴.
  –공자
- 부모를 사랑하는 사람은 남에게 미움을 받지 아니하고 부모를 공경하는 사람은 남에게 업신여김을 받지 않는다. –〈소학〉

효도의 사전적 의미는 '부모를 공경하고 잘 섬기는 일'을 뜻하는 것으로서, 효(孝)라는 글자는 윗부분이 '노인 로(老)'가 되고, 아래쪽이 '아들 (子)'가 되어 노인이 된 부모를 떠받치고 있는 형상의 한자어이고, '도(道)'는 '도리, 법도, 윤리' 등의 의미를 나타낸다.

효도는 유교사상에서 백행지본(百行之本)의 덕목으로서 존중되어온 지고지선(至高至善)의 가치이며, 자식의 부모에 대한 총괄적인 윤리체계를 한마디로 표명한 도덕률이다(정옥분·김광웅·김동춘·유가효·윤종희·정현희, 1996). 이러한 효는 한국의 전통문화 중에서 인류문명 발전에 크게 기여하고, 미래문화를 발전시킬 정신적 사상이며, 지난 수세기 동안 우리 사회의 부모–자녀관계와 부모부양 관행에 지대한 영향을 미쳐왔으며 현재까지도 우리의 의식과 생활 속에 깊이 자리하고 있다(성규탁, 1994).

'논어'에 의하면 효는 덕의 근본으로서 오륜(五輪) 가운데 효를 모든 행실의 으뜸으로 가르쳐 왔으며, 하늘의 교훈과 땅위의 어진 의로움으로 효를 통하여 세상이 태평하다고 하여 유교사상의 모든 가르침이 바로 효에서 비롯되었음을 알 수 있게 한다(안영란, 2010).

효에 대한 이론적 설명은 공자로부터 비롯되는데, 공자는 인간을 인간답게 하는 덕목을 '인(仁)'이라고 하면서 그것의 근본 내용으로 '제(悌)'와 '효(孝)'를 들었다. 이후 맹자는 요순(堯舜)의 도를 효제로 이해하면서 백성들에게 효제의 도리를 가르치는 것이 왕도정치(王道政治)의 주요내용이라고 했다. 공자와 맹자는 부모와 자식 사이의 자연스러운 애정이 효의 기초이지만 애정과 도덕적 의무를 명확히 구별하여 효는 엄격한 도덕적 의무라고 강조했다. 유교사상에서의 효는 부모의 명을 받들어 부모를 위해 힘쓴다는 것을, 또는 부모의 뜻을 거스르지 않고 공경과 예의를 다해 모신다는 것을 의미했다(안영란, 2010).

한국의 가정은 전통적으로 부모님께 효도하고 자녀에게 사랑을 쏟으며 살아왔으며 그 과정에서 자녀들이 자연스럽게 효를 배우며 자랐다(정종기, 2005). 자녀의 효도는 가정생활만족도를 증진시키고(박영신·김의철·신영이, 2011; 장우귀, 2012), 부모의 가정생활만족도는 부모의 자녀 양육 효능감과 자녀의 효도가 많은 영향을 준다(박영신·김의철·한기혜, 2009). 그러나 1970년대부터 한국의 빠른 성장과 발전은 급격한 산업화와 사회구조의 변화를 초래하여 대가족제도가 핵가족제도로 변화하자 경로효친 사상은 급속히 단절되었다(오세정, 1997). 또한 IMF 경제위기 이후 가정경제의 어려움으로 가족붕괴가 초래되어 노인은 가족구성원으로서의 소속감이 낮아지고, 경제력이 없는 부모를 돌보지 않는 폐기사회(disposal society)가 되었다(김정옥, 2005). 과거에는 가족이 노부모를 봉양하는 것을 당연시 여겼던 것과 달리 현대사회에서는 국가가 그 역할을 담당해야 한다는 의식이 점차 확산되고 있다.

(2) 효의 내용 및 실천원리

효는 부모의 자애에 대한 보은의 형태로 인간으로서 지켜야 하는 가장 기본적이며 중요한 덕행이며 자발적인 행위이다. 또한 인격형성의 근본이 되는 것으로 관념적 사고윤리가 아닌 행동으로까지 옮겨야 하는 실천윤리이며, 불변하는 구체적인 인간관계이다. 전통적인 효의 내용을 제시해 보면 다음과 같다(안영란, 2010).

① 생육(生育)의 효: 전통적인 효 사상에서 가장 근본이 되며, 모든 효의 기초와

기본을 이루는 효의 내용으로 부모가 자식을 낳아 길러준 은혜에 감사하는 효를 말한다.

② 공손(恭敬)의 효: 부모에게 자식이 효를 행함에는 정신적인 공경의 효와 양구체(養口體)의 효, 즉 음식으로 배부르게 하는 두 가지가 있는데, 여기서는 진심으로 바르고 따뜻한 마음으로 어버이를 사랑하고 존경하는 효를 말한다.

③ 봉양(奉養)의 효: 자식이 부모가 생활해 나가는 데 물질적으로 궁핍함을 느끼지 않도록 의식주에 대한 최대한의 정성을 보이는 효를 말한다.

④ 시봉(侍奉)의 효: 부모를 가까이에서 잘 받드는 일을 시봉의 효라고 한다.

⑤ 순종(順從)의 효: 어버이에게 고분고분하여 거스르지 않고 부모의 뜻을 그대로 따르며, 양순하게 순종하며, 마음으로 극진히 잘 섬기는 효를 말한다.

⑥ 형제, 친척 간의 돈목(敦睦)의 효: 부모를 잘 섬기고 부모의 마음을 편히 해 드리기 위해서는 자신의 형제와 친척 간에 돈독하게 지내는 것도 효를 행하는 것이다.

⑦ 보신(保身)의 효: 부모로부터 물려받은 자신의 신체를 잘 보전하고 건강을 유지하여 부모에게 걱정을 끼쳐 드리지 않는 효를 말한다.

⑧ 입신행도(立身行度)의 효: 자식된 자가 사회에 나아가서 바른 천도와 진리를 따라서 행동하고 더 나아가 입신출세하여 자기의 명예는 물론이고 가문과 조상을 빛내고 부모에게 영광을 돌리는 것이다.

⑨ 상(常)·제례(祭禮)의 도: 효는 부모가 생존하였을 때 뿐만 아니라, 사후에 정성을 다하여 예로서 섬김으로써 부모의 무한한 사랑과 은혜에 대하여 돌아가신 후에도 늘 잊지 않고 자식의 도리를 다하는 것이다.

⑩ 양지(養志)의 효: 부모의 뜻을 잊지 않고 부모의 덕행을 실천하며 부모가 생전에 의도했던 바나 바라던 뜻을 잘 이어나가는 효를 말한다.

현대사회에서 효를 실천하는 데서 중요한 것은 그 원리와 방식이 시대의 변화에 따라 달라져야 하고, 또 그래야 한다는 점이다. 전통사회의 모든 규범이 그러해야 하듯이 효의 의미와 효의 실천방식도 언제나 그 당시의 시각에서 재해석되고 재규정되어야 할 것이다(김병희, 2015).

(3) 효의 실천을 위한 원리

① 부모의 자애와 자식의 효도를 함께 강조하는 상호규범화
② 번다하고 비현실적인 실천세목의 현대화
③ 가족주의를 넘어서는 사회규범화

효의 정신은 부모와 자식 사랑에서 시작하여 인류애로 확대되는 것임을 인식하고 바른 사랑의 표현을 탐색하고 익히는 것이 우리들이 해야 할 과제이며, 효의 본질을 되새겨 봄으로써 효가 지니는 정신을 다시 새롭게 인식하고 그 정신을 지닌 채 시대 상황에 따른 적절한 효의 형식, 효의 실천방안을 강구해 보는 것이 우리가 할 일이다.

'효도' 읽을거리

삼강행실도 '조선의 효'를 말하다. 중에서....

삼강행실도에 수록된 우리나라 효자는 세종 이전의 인물들이며, 언해본에 실린 인물은 최누백, 김자강, 유석진, 윤은보로 고려중기부터 조선초기의 사람들이다. 이 네 명의 효자는 이후 조선시대 효자들의 본보기가 되었다. 이들의 효(孝)는 모두 부모의 죽음을 앞두거나 직후의 상황에서 생긴 일들이다. 지금의 관점에서 보면 부담스럽기만한 미담일 수 있지만, 부모와 자식 간의 패륜이 심심찮은 요즘의 현실을 돌아보게 한다. 이 중 최누백의 예를 살펴보자.

◆ 누백포호(累伯捕虎·최누백이 호랑이를 잡다)

최누백은 고려 때 수원의 관리 최상저의 아들이다. 최누백이 15살 때 아버지가 사냥하다가 호랑이에게 해를 당해 죽었다. 최누백은 어머니에게 "아버지의 원수를 어찌 갚지 않을 수 있겠습니까" 하고는 아버지를 해친 호랑이를 잡으러 도끼를 메고 호랑이의 자취를 따라갔다. 호랑이는 이미 아버지를 다 먹고 배가 불러 누워 있는데 바로 앞에 달려들어 "네가 내 아버지를 해쳤으니 내 너를 먹으리라!" 하고 꾸짖으니, 범이 꼬리를 내리고 엎드렸다. 최누백이 도끼로 내리쳐 호랑이의 배를 갈라 아버지의 뼈와 살을 꺼내어 그릇에 담고, 호랑이의 살점은 항아리에 넣어 시냇물 속에 묻었다. 이후 아버지를 홍법산 서쪽에 장사 지내고는 여묘살이를 하였다.

삼강행실도는 세종대 자식이 아버지를 살해하는 사건이 발생하자 효의 의미를 백성 전체에 환기할 필요가 있다고 판단해 출판됐다. 최근 심심치 않게 엽기적이고 잔혹한 패륜 소식을 접하곤 한다. 또한 힘없는 아이들에게까지 저지른 만행을 접하며 자효(子孝)는 어디에 있고, 부자(父慈)는 어디에 있는가, 생각하게 된다. 최누백 행동을 보며 '효'까지는 아니더라도 '사람'으로 사는 법을 다시 배워야 하는가 고민이 깊어진다.

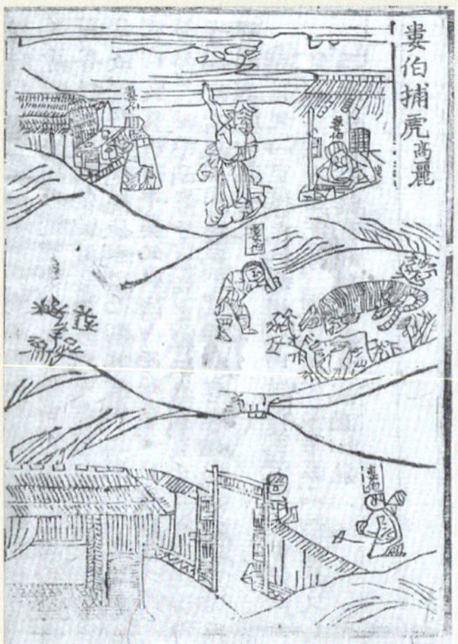

▶ 아버지를 잡아 먹은 호랑이를 잡아 뱃속을 가르고, 장례를 치렀다는 일화를 소개한 '누백포호'를 묘사한 삼강행실도의 그림.

출처: http://www.segye.com/content/html/2016/10/07/20161007002417.html?OutUrl=naver

3) 정직(正直)

(1) 정직의 개념

- 학문은 어두운 방에서도 스스로 속이지 않는데서 시작한다. ─율곡 이이
- 정직한 국민, 상호·신뢰하는 국민이 되어야 우리나라가 국제사회에서도 인정을 받을 수 있고 국가가 제대로 발전할 수 있다. 거짓이 나라를 망하게 한다. ─도산 안창호
- 사람은 혼자 있을 때 정직하다. 혼자 있을 때는 자기를 속이지 못한다. 그러나 남을 대할 때는 그를 속이려고 한다. 하지만 좀 더 깊이 생각하면, 그것은 남을 속이는 것이 아니고 자기 자신을 속인다는 것을 알아야 한다. ─에디슨

정직은 '마음에 거짓이나 꾸밈이 없이 바르고 곧음'으로 정의된다(국립국어원, 2012). 즉 정직은 '사람의 성품, 마음 따위가 바르고 곧음'을 의미한다.

'사람다운 사람' 혹은 '참된 인간'을 길러내는 것을 교육이라고 한다면, '사람다운 사람'이 지녀야 할 핵심적인 가치가 무엇인가? '참된 인간'의 '참'이란 정직을 말하며, 어떤 상황에서도 버려서는 안 될 핵심적인 가치는 '정직'이라 할 수 있다. 정직은 단지 윤리적 차원의 문제만이 아니다. 지식교육도 마찬가지이다. 정직하지 않으면 참된 앎에 도달하지 못한다(박의수, 2005).

모든 윤리적 가치관 중에서, 정직이 가장 기본적인 것이다. 도산 안창호는 정직이 인격의 가장 기초가 되는 것으로 보았고, 그 바탕 위에서 덕체지의 조화, 휴머니즘, 민주주의적인 생활태도를 지닌 인격을 강조했다(강선보 외, 2015).

대부분의 사람들은 정직을 단순히 진실을 말하거나 거짓말을 하지 않는 것으로 알고 있다. 그러나 정직에는 여러 측면이 있다. 정직하다는 것은 행동뿐 아니라 의사소통에서도 정직한 것을 의미한다(이병석 외, 2010).

❶ 의사소통에서의 정직

자신이 알고 있는 것을 다른 사람을 속이지 않고 최대한 사실대로 표현하는 것으로서, 의사소통이 정직하기 위해서는 다음의 세 가지를 반영해야 한다.

① 믿음성(Trustfulness): 자신의 능력 한도에서 사실을 표현하려고 하는 태도이다. 믿음성과 사실의 차이는 의도이다. 의도와는 달리 사실이 아닌 것을 말할 수도 있다. 자신은 사실이라고 알고 이야기했는데 그것이 사실이 아닐 수도 있다.

② 진실성(Sincerity): 다른 사람을 잘못 이끌거나 해롭게 하려는 의도 없이 말하는 것을 의미한다. 많은 사람들은 자신들이 생각하기에 "그럴듯한 이유"가 있을 때는 진실되지 못하게 행동하기도 한다. 다른 사람의 감정을 상하지 않게 하기 위한 방법으로 진실하지 못한 행동을 하기도 한다.

③ 솔직성(Honesty): 침묵은 부정직의 한 형태가 될 수 있다. 다른 사람과 중요한 관계를 갖고 있다면, 그 사람이 우리에게 중요한 어떤 것을 솔직히 이야기해 주기를 기대하게 된다. 당신이 정직한 사람이라면, 다른 사람에게 중요한 정보를 자원해서 알려줄 책임이 있다.

❷ 행동에서의 정직

행동에서의 정직은 법칙에 따라 행동한다는 의미이다. 이것은 또한 남의 물건을 훔치지 않고, 컨닝을 하지 않고, 남을 속이지 않는다는 것이다. 예를 들어, 테니스 시합에서 동점인 상황에서 상대방의 마지막 공이 선 바로 옆에 떨어졌을 때, 아무도 보지 않았고 또한 그로 인해 시합에 진다고 해도, '굿(good)'이라고 말하는 행동을 의미한다.

(2) 정직의 필요성

21세기 우리의 교육이 경쟁력을 확보하려면, 교육현장에서 '정직'이 최고의 가치로 숭상되어야 하며, 정직이 모든 교육활동의 제일원리가 되어야 하며, 정직과 신뢰를 바탕으로 자율성이 보장되어야 한다(박의수, 2005).

초등학교 입학부터 고등학교 졸업까지 우리는 바른생활, 도덕, 윤리라는 과목의 수업을 듣는다. 과목의 이름은 거듭 바뀌지만 목적은 단 하나다. 사회구성원 개개인에게 '정직'이라는 가치관을 심기 위함이다. 개개인이 정직해야 공정하고 깨끗한 사회가 된다는 사회인식 때문이다(한유나, 2010).

그렇다면 과연 우리나라 학생들은 얼마나 정직할까? 청소년 정직지수에 따르면(정기철, 2013), 전체 청소년의 정직지수는 74점이며, 초등학생 84점, 중학생 72점, 고등학생 68점으로 학력이 높을수록 학생들의 정직지수가 낮아지는 것으로 나타났다. 또한, 이들 중 초등학생 16%, 중학생 33%, 고등학생 47%가 "10억 원이 생긴다면 잘못을 하고도 1년 정도 교도소에 들어가도 괜찮아."라고 응답했다. 정직에 관한 학교교육을 통한 결과로는 실망스럽다. 이에 대해 우리사회는 첫째, 입시위주의 교육방식에서 다루던 도덕, 윤리교육을 청소년들의 상황에 맞는 눈높이에서 참여식 교육을 실시하여야 하며, 둘째, 변화된 교육환경에 맞게 인터넷, SNS 등에서의 정직성을 교육해야 한다. 그리고 셋째, 학부모의 정직성에 대한 관심과 가정에서의 의사소통을 위해 노력해야 할 것이다(정기철, 2013).

한 어머니가 어느 날 상점에서 외투 한 벌을 샀습니다.
집에 돌아와서 다시 한번 입어보며 주머니에 손을 넣었더니
놀랍게도 거기에 커다린 보석이 들어 있는 것이었습니다.

순간........어머니는 맘속으로 생각했죠!
보석이 누구의 것인지는 몰라도 내가 산 옷 주머니에 들어있었잖아!
그래도 내 것이 아닌데... 빨리 돌려주는 게 맞겠지!
양면의 생각이 서로 싸우기 시작했죠

돌려줘~ 아니야~ 돌려줘~

어머니는 지혜로운 현자를 찾아가서 묻기로 했습니다.
"어떻게 하면 좋겠습니까?"

현자가 말씀하시길
"당신이 산 것은 외투이지 보석이 아니지 않습니까?
다만 상점에 가서 돌려줄 때는 꼭 자녀를 데리고 가세요.
그리하면 보석 내놓는 것은 아쉬울지 몰라도 그보다 몇 배 귀중한 것을
당신 자녀에게 주게 될 것입니다."

–탈무드 일화 중에서

자녀가 정직하길 바란다면 가정 내 부모가 먼저 솔직하고 정직해져야 한다. 영유아교사도 마찬가지이다. 자신이 가르치는 아이들이 진심으로 정직하게 성장하기를 바란다면 영유아교사 역시 아이들 앞에서 모델링으로서의 자신의 역할을 인식하여 정직하게 행동하여야 할 것이다.

'정직' 읽을거리

황우석 사건 요약 일지

복제소 '영롱이'로 유명해진 황우석 전 서울대 수의대 교수는 2004년 '사이언스'지에 세계 최초로 인간체세포를 복제한 배아줄기세포를 만들었다고 발표해 세계적인 주목을 받았다. 이듬해 환자맞춤형 배아줄기세포 11종을 추가로 만들었다고 '사이언스'지에 발표하면서 독보적인 위상을 구축했다. 황 박사는 이후 미국 피츠버그대의 제럴드 섀튼 교수, 세계 최초 복제양을 만든 영국의 이언 윌머트 박사 등과 협력하며 한국에 '줄기세포 허브'를 구축하겠다고 발표했다.

그러나 MBC PD수첩이 2005년말 황우석 박사의 난자 매매 의혹과 줄기세포 조작 의혹을 보도하면서 황우석 신화는 무너지기 시작했다. 브릭(BRIC) 등 생명과학자들이 잇따라 의혹을 제기하면서 결국 서울대가 진상 조사위를 구성했다.

조사위는 중간발표와 최종 발표를 통해 "황우석 박사가 복제배아줄기세포를 만들지 못했으며 논문을 조작했다"고 판정했다. 2004년 만들었던 1번 복제배아줄기세포에 대해서는 처녀생식으로 만들어졌다고 발표했으나 황 박사는 복제배아줄기세포가 맞다고 맞서고 있다. 이후 검찰 조사에서 김선종 연구원의 줄기세포 바꿔치기 등 논문 조작의 실태가 드러났으며 검찰이 황 박사를 고소하면서 지금도 재판이 이어지고 있다.

서울대 교수직에서 파면당한 황 박사는 현재 자신을 지지하는 지인들의 도움으로 수암생명공학연구원을 통해 동물복제 등을 연구하며 재기를 모색하고 있다. 미국의 바이오아트 사와 애완견 복제에 성공했으며, 바이오기업 에이치바이온 사를 세우기도 했다.

◆ 황우석 사건 일지

〈1999년〉

△2월 - 황우석 교수, 한국 첫 복제소 '영롱이' 탄생 주장

〈2004년〉

△2월 12일 - 황 교수, '사이언스'에 '인간복제배아줄기세포' 논문 발표

〈2005년〉

△5월 19일 - 황 교수, '사이언스'에 '환자맞춤형 배아줄기세포' 발표

△8월 3일 - 황 교수, 세계 최초 복제개 '스너피' 탄생 발표

△11월 12일 - 피츠버그대 제럴드 섀튼 교수, 돌연 황 교수와 결별 선언

△11월 22일 - PD수첩, '황우석 신화와 난자 매매 의혹' 방영

△11월 24일 - 황우석 교수팀, 난자 사용 시인 대국민 사과 및 공직 사퇴 발표

△11월 25일 - PD수첩 광고 전면 중단

△12월 5일 - 생물학연구정보센터(BRIC) 게시판 통해 줄기세포 조작 의혹 확산

△12월 8일 - 서울대 생명과학 분야 소장파 교수, 진상 조사 촉구
△12월 9일 - 사이언스, 황 교수에게 연구결과 재검토 요구. 피츠버그대 조사 착수
△12월 12일 - 서울대, 조사위원회 구성 착수
△12월 15일 - 노성일 미즈메디 병원 이사장, "줄기세포 지금은 없다" 폭로 발언. PD수첩, '황우석 신화' 2탄 방송
△12월 16일 - 서울대 조사위 조사활동 시작
△12월 23일 - 서울대 조사위 중간조사 결과 발표. 2005년 논문 고의 조작 결론. 황우석 교수직 사퇴 표명

〈2006년〉
△1월 10일 - 서울대 조사위, 최종 조사결과 발표 "체세포 복제줄기세포 없다"고 발표
△1월 11일 - 검찰, 줄기세포 파문 본격 수사 착수
△3월 30일 - 서울대, 징계위에서 황우석 교수 파면
△5월 12일 - 검찰, 사기·업무상 횡령·생명윤리법 위반 황우석 등 불구속 기소
△6월 20일 - 황우석 사건 첫 공판

〈2008년〉
△5월 9일 - 황우석 박사, 바이오기업 '에이치바이온' 설립
△5월 21일 - 뉴욕타임스, 황우석 박사가 이끄는 수암생명공학연구원이 애완견 '미시' 복제 성공 보도
△8월 1일 - 보건복지가족부, 수암생명공학연구원의 복제배아줄기세포 연구 불가 결정
△9월 4일 - 알앤엘바이오, 수암생명공학연구원에 개복제 특허침해 금지소송 제기
△9월 29일 - 황우석 사건 26차 공판(예정)

출처: http://www.dongascience.com/news.php?idx=-677

4) 책임(責任)

(1) 책임의 개념 및 필요성

- 무슨 일이 일어나더라도 책임은 모두 자신에게 있다는 사실을 명심한다.
  —앤터니 로빈스(미국, 백만장자, '무한한 힘 나는 성공한다'의 저자)
- 우리는 숱한 실수를 할 수 있다. 그러나 다른 사람에게 책임을 돌리기 전에는 실패자가 아니다. —존 버로즈(미국, 작가)

- 자기 책임을 방기하려 하지 않으며 책임을 타인에게 전가시키지 않는 것은 고귀한 일이다. —니체(독일, 철학자)
- 지위가 높으면 책임도 크다. —세네카(고대 로마, 철학자)

책임의 라틴어 어근인 'respondo'는 무엇에 대한 대가를 약속해 준다는 뜻으로, 책임감(responsibility)의 사전적 의미는 '맡아서 해야 할 임무나 의무를 중히 여기는 마음'이다. 책임감은 인내성, 주의집중, 자기비교, 자율성, 끈기, 성취동기, 의지력, 신뢰성을 포함하며 맡은 일을 끈기 있게 완수하며 자발성이 강한 정도 등을 말한다. 이 특성은 무책임, 책임회피, 투사, 무반성, 불평불만 등의 성격 형성과 반대된다(김신자, 2003). 책임에 대한 여러 학자들의 정의는 다음과 같다.

- Hellison(1995): 책임감이란 자신의 특성을 이해하고 자기 스스로 선택하고 선택에 대해 책임지는 행동을 하는 것, 어려움에 처해 있거나 도움이 필요한 사람을 도와주기 위한 선택을 하고 자신의 선택을 행동으로 옮기는 것이다.
- Kohlberg(2000): 책임감은 한 인간 안에 내재되어 있는 판단의 중추와 같으며, 책임감 발달과 도덕 발달은 직결되어 있다.
- 단현국(2014): 책임감이란 자신과 다른 사람을 신뢰하며, 자신이 해야 할 일을 선택하여 스스로 수행하고, 긍정적인 본보기를 보이며 형성시켜가는 행동의 일체이다.
- 문용린과 최인수(2010): 책임감이란 자신의 능력을 발휘하여 주어진 임무를 완성하고 나아가 자신의 역할에 최선을 다하여 기여하고자 하는 것이다.
- 유병열(2004): 상호의존적으로 결합된 공동체 내에서의 삶을 구현해 나가기 위해 공동체에 포함되어 있는 구성원들에게 부여된 의무와 역할을 충실히 이행하는 것이다.

책임감이 자신에게 적용되면 성실과 절제로 나타나고, 타인에게 적용되면 피해를 주지 않는 행동으로 나타난다. 또한 사회에 적용되면 자신에게 주어진 역할을 다하고, 좀 더 발전하면 조국이나 민족에 충성하는 것으로 나타난다(이명준·진의남·서미철·김정우·이주연·김병준·박혜정, 2011).

책임감은 행위책임과 역할책임으로 나누어질 수 있으며, 그 내용은 다음과 같다.

❶ 책임감의 두 가지 유형

- 행위책임: 우리가 무엇을 행했는가에 대한 책임으로(변순용, 2004), 과거의 행위 자체나 행위의 결과, 미래에 자기가 해야 할 행위에 대한 책임이 포함된다.
- 역할책임: 우리가 누구이고 어떤 과제를 받았는지 등으로 비롯되는 책임으로(변순용, 2004), 자신의 역할에 대한 책임뿐만 아니라 가족 및 지역 공동체, 인류공동체의 구성원으로서의 책임으로 확장될 수 있다.

책임감 있는 사람은 스스로에 대해서 자존감을 느끼며 동시에 자기가 타인에게도 가치 있는 인간이라고 느낄 수 있게끔 행동한다. 책임감 있는 사람이 우리를 위해 무엇을 해내겠다고 말한다면 그것은 그가 우리를 위하여 요청된 일을 한다는 뜻도 되지만, 또한 자기 스스로의 자존심을 지키기 위해서도 주어진 일을 훌륭히 수행하려고 노력하겠다는 뜻도 된다(Corey, 2003). 이러한 책임감은 그것이 행위책임이건, 역할책임이건 간에 다음과 같은 하위요인들로 구성된다(단현국, 2014).

❷ 책임감의 하위요인

- 신뢰: 자신이 스스로 할 수 있는 것을 하고, 다른 사람과 협동하는 과정에서 자신의 역할로 부여되는 임무나 의무에 최선을 다함으로써 자신과 다른 사람을 믿을 수 있는 사람이라고 인정하기도 하고 인정받게 되기도 하는 것
- 인내: 자신이 하고 있는 어떤 생각과 맡은 일을 수행하며 경험하는 과정에서 어려움을 참고 감정을 조절하여 말과 행동으로 받아들이며 끝까지 해내려는 노력
- 솔선: 자신의 긍정적인 생각과 자신감 있는 태도로 자신 또는 타인과 관련된 문제에 대하여 자신이 해야 할 일을 선택하여 스스로 앞장서서 수행하려는 것

- 본보기: 자신과 타인에게 서로 다름이 있음을 인정하면서도, 긍정적인 본을 보이는 것의 중요성을 인식하고 실제로 본을 보이며 다른 사람에게 도움을 주고, 본보기를 따라 공유하며 실천하려는 것

많은 미래학자들이 미래사회에서 요구되는 인성적 요소로 높은 도덕성과 책임감을 제시하고 있다. 미래사회는 필연적으로 고도의 인지적 능력이 요구되므로, 이에 상응하는 인성적 덕목을 요구하고 있는 것이다. 그 중에서 책임감은 개인의 사회적 발전과 사회의 존속이라는 측면에서 매우 중요한 요소이다(정다우리, 2015). 즉 책임감은 개인의 내면을 바르고 건전하게 가꾸고 타인 또는 공동체와 더불어 살아가는 데 필요한 핵심역량이라 할 수 있다(정창우 외, 2013).

(2) 책임의 형성

Morganett은 책임감 있는 행동은 가르침과 훈육을 통해서 형성되며, 아동이 사회적 영역에서 독립적으로 어떻게 적합한 행동을 해야 하는지 아는 것은 유치원과 초등학교 시기에 매우 중요하다고 보았다(허승희, 1994 재인용). 피아제(Piaget)를 비롯한 인지주의학파에서도 아동이 대략 5~6세가 되면 규칙을 따르는데 일관성이 없을지라도 규칙의 존재를 인식하게 된다고 보았으며, 교사의 수업 방식이 아동의 책임감 발달에 큰 영향을 준다고 하였다(김병수, 1997).

열린교육을 수행하는 학급의 아동은 전통적인 교육을 하는 학급 아동보다 책임감, 근면성, 협동성, 준법성 등에서 의미 있는 차이를 보인다고 한다. 이러한 연구결과는 영유아교사의 태도가 아동에게 큰 영향을 미치므로, 현장에서 책임감 있는 태도로 행동을 해야 하는 것의 중요성을 나타낸다고 할 수 있다.

※ 책임감 형성을 위한 학습 방법(이병석 외, 2010)

- 역할 모델로부터 배우는 방법: 역할 모델은 우리가 존경하는 책임감이 강한 사람들이다. 책임감이 강한 부모님이나 선생님 또는 지역사회의 리더들을

볼 때, 그들을 통해서 배우게 된다.

- 행함으로 배우는 방법: 직접 책임을 져봄으로써 배우는 방법이다. 더 많은 책임을 짐으로써 책임감을 더 많이 배우는 방법이다.

책임 있게 행동하는 것은 좋은 선택을 하는 것과 비슷하다. 좋은 선택을 할 줄 안다면, 자연스럽게 책임 있는 행동이 따르게 된다. 바른 선택은 항상 쉬운 것만은 아니다. 쉬운 선택을 하기 위해서는 분별력과 결단력이 필요하다(이병석 외, 2010).

'책임' 읽을거리

검찰 "가습기 기업 책임 방치하면 국민 보호할 수 없어"

다수의 사상자를 낸 가습기 살균제 사태 책임자로 지목된 제조회사 임원들에 대한 재판에서 검찰이 기술 발전으로 인한 사회적 위험을 강조하며 관계자들을 엄벌하라고 촉구했다.

검찰은 22일 서울중앙지법 형사합의28부(최창영 부장판사) 심리로 열린 신현우(68) 전 옥시레킷벤키저(옥시·현 RB코리아) 대표 등에 대한 재판에서 "기업의 책임을 방치하면 국민의 생명과 신체, 재산을 결코 보호할 수 없다"고 밝혔다.

이날 재판에서 검찰은 총 8시간에 걸쳐 최종 의견을 설명하는 프레젠테이션(PPT)을 했다. 검찰은 "산업화와 근대화를 통한 과학기술의 발전은 물질적 풍요와 새로운 위험이라는 상반된 효과를 가져왔고, '위험사회'라는 말도 생겨났다"며 "위험사회가 갖는 문제의 심각성은 그것이 일상적이라는 것"이라고 강조했다.

이어 "이번 사건은 우리 사회에서 기업이 만든 제조물의 책임을 묻는 최초의 사례"라며 "이 사건에서 언급하고 선언하는 주의의무가 향후 기업활동에서 기준이 될 것"이라고 주장했다.

검찰은 또 "다시는 이런 불행이 반복되지 말아야 할 것이고, 이는 남은 사람인 우리의 몫"이라고 지적하며 발표를 마쳤다.

재판부는 29일 검찰의 최후 의견과 변호인의 변론, 피고인들의 최후 진술을 듣고 재판을 마무리한다는 계획이다.

신 전 대표와 같은 회사 존 리(48) 전 대표 등은 2000년 10월 안전성 검사를 거치지 않고 독성 화학물질인 폴리헥사메틸렌구아니딘(PHMG)이 함유된 가습기 살균제를 개발·판매해 사망자 73명을 비롯한 181명의 피해자를 낸 혐의(업무상 과실치사상 등)로 6월 구속기소됐다.

출처: http://www.yonhapnews.co.kr/bulletin/2016/11/22/0200000000AKR20161122172300004.HTML

5) 존중(尊重)

(1) 존중의 개념 및 필요성

- 자기 자신을 존중하는 것처럼 남을 존중하라. 남이 자기에게 친해오는 것을 받아줄 수 있다면 그는 진정 사랑을 아는 사람이다. -공자
- 상대방을 이해하라는 것이 무조건 그쪽 의견에 동의하거나 당신이 틀리고 그 사람이 옳다고 말하라는 게 아니다. 그 사람의 말과 행동을 인격적으로 존중해 주라는 뜻이다. 상대방의 입장, 그 사람이 옳다고 믿고 있는 사실을 충분히 그럴 수 있다고 귀 기울이고 받아들이라는 것이다. -조나단 로빈슨(미국, 부부커뮤니케이션 전문가)

존중(尊重)이란 남을 높이어 귀중하게 대하는 것을 의미하는 것으로 정의될 수 있다. 다른 사람의 인격, 생활 습관, 가치관, 사생활 등을 인정하고 보호하여 주는 것을 말하고 나의 이익과 맞부딪치는 타인의 이익에도 관심을 가져주는 태도와 정신까지 포함한다(경남교육청, 1998). 존중에 관한 학자들의 정의를 살펴보면 다음과 같다.

- Lickona(2006): 존중이란 사람이나 사물의 중요성에 대해 경의를 표하는 것이다.
- 교육과학기술부(2011): 사람이나 사물은 기본적으로 그들의 존재만으로 존중할 가치가 있음을 인식하고 그 가치에 대하여 소중히 여기는 것이다.

이러한 존중의 의미 속에는 첫째, 다른 사람의 생각, 의견, 느낌을 가치 있게 여기는 것, 둘째, 다른 사람에게 관심과 애정을 보이며 소중히 여기는 것, 셋째, 다른 사람을 수단으로서가 아니라 있는 그대로 보는 것, 넷째, 상대방의 입장에서 생각하기 등과 같은 의미가 포함되어 있다.

학교나 사회에서 발생하는 수많은 문제들 중 다른 사람에 대한 이해나 배려보다는 '나' 위주의 사고 습관과 행동이 먼저이기 때문에 다른 사람에게 피해를 주는 경우가 많다. 인간은 사회적 동물로서 다른 사람들과의 관계 속에서 끊임없이 상호작용을 하여 공동체를 형성한다. 이 공동체를 유지하기 위해서는 서로의 모습이 다르듯이 서로의 생각과 의견이 다를 수 있음을 이해하고 다른 사람

의 입장을 존중하며 자신만을 생각하지 않는 존중의 태도가 필요하다(김소연, 2016).

※ 존중의 태도가 개인에게 미치는 영향

- 다른 사람을 감정이나 편견 없이 있는 그대로 인정함으로써 자신의 마음도 성숙해져 갈 수 있다.
- 다른 사람을 존경하여 그 사람의 장점을 인정하게 되면, 스스로도 좋은 것을 배우는 가운데 성장하게 된다.
- 타인을 존중하게 되면 그 사람에게 관심을 갖게 되고 말할 수 있는 기회를 가지게 되어 다른 사람과의 소통을 쉽게 할 수 있다.

힌두교 속담에 "형제의 배가 항구에 도착하도록 도와라. 그리고 살펴보라. 그러면 당신의 배도 무사히 항구에 도착해 있다는 사실을 알게 될 것이다."라는 명언이 있다. 타인을 존중하고 보살피면 자신도 같이 성공을 하고 성장을 할 수 있다는 의미이다. 우리사회에서는 자신의 의견과 다르면 틀린 것으로 간주하고 적대시하는 경향이 팽배해 있는데, 자신과 타인 그리고 공동체의 유지·발전을 위해서 차이를 인정하고 서로를 존중할 줄 아는 분위기가 형성되어야 한다.

(2) 존중의 형성

자신이 먼저 타인을 존중하여야만 상대방으로부터 존중받을 수 있다. 요즘 우리들은 남을 존중하지 않으면서, 스스로를 존중받아 마땅하다고 생각한다. 이런 이기적이고 일방적인 생각 때문에 많은 사람이 괴롭다. 타인을 존중하기 위해서는 타인에 대한 관심과 배려, 예의, 경청, 공감과 역지사지의 자세가 필요하다. 존중을 실천해 나가기 위해서 따라야 할 기본적인 규칙을 제시하면 다음과 같다(이병석 외, 2010).

※ 존중에 대한 7가지 지침

① 다른 사람의 개인적인 가치와 존엄성을 존경하라.
② 황금률(남에게 대접을 받고자 하는 대로 남에게 대접하라)을 따르며 살아라.
③ 호의와 정중함을 보여라.
④ 다른 이의 차이점에 대해 관대하고, 그들의 인격과 능력으로 판단하라.
⑤ 다른 이가 스스로 선택하고 자유 의지를 가지도록 하라.
⑥ 합리적인 사회적 규준과 관습을 존경하라.
⑦ 실제적이거나 위협적인 폭력을 피하라.

아동기는 존중감의 발달을 위한 가장 중요한 근간이 되는 시기이다. 학교에서 교사나 또래집단과의 만족스런 경험은 존중감을 높이는 데 도움을 주지만 불만족스런 경험은 반대로 존중감이 낮아지는 원인으로 작용한다. 따라서 교육현장에서 영유아교사는 영유아들과의 상호작용에 있어서는 영유아들의 일에 관심을 보이고, 그들에게 선택권을 주며, 친구를 존중하는 영유아의 모범적인 행동에 대한 보상을 실천해 나가는 일이 필요하다.

영유아교사는 자신의 존중감 형성을 위하여 먼저 자신이 사람들 사이에서 서로 다름을 인정하고 타인의 처지와 입장에서 생각할 줄 알며, 자신의 의견과 이익을 존중하듯 타인의 의견과 이익을 존중하고 배려할 줄 아는 태도를 가져야 한다.

'존중' 읽을거리

학생 번호 부르기 금지법 발의됐다는데…

"오늘은 29일이니까 29번 일어나서 책 읽어보자." 교실에서 이름 대신 번호로 학생을 부를 수 없도록 규제하는 법안이 발의됐다. 22일 의안정보시스템에 따르면 설훈 의원 등 더불어민주당 의원 12명이 17일 발의한 초중등교육법 일부 개정법률안이 18일 국회 소관 상임위원회인 교육문화체육관광위원회에 회부됐다. 이로써 일명 '학생 번호 부르기 금지법'이 향후 통과될지에 대해서 귀추가 주목되고 있다.

법안을 발의한 측은 수업시간에 번호로 학생을 부르는 행동은 학생이 자신을 비인격적 주체로 인식하게 할 우려가 있다고 지적한다. 설훈 의원은 "교사 편의를 위해서 수업 시간에 번호로 학생을 지칭하는 관행은 학생이 자신을 비인격적 주체로 인식하게 할 수 있다"면서 "미국 · 영국 등 경제협력개발기구(OECD) 주요 선진국은 학생에게 번호를 부여하지 않거나 부여하더라도 이름 대신 쓰는 경우가 없다"고 강조했다. 개정안에는 "교원은 학교생활기록 등 학생의 지도와 관리를 위해 학교가 사용하는 문서에 기재된 학생 개인의 고유 식별번호로 학생 개인을 지칭해 학생의 인격권을 침해해서는 안 된다"는 조항이 신설됐다. 중3 아들을 둔 학부모 김성희(42 · 서울 노원구)씨는 "학창시절 선생님께서 번호를 불러서 발표를 시키거나 칠판 문제를 풀게 하는 경험을 자주 했었는데, 아들에게 물어보니 요즘도 그런 일이 종종 있는 것 같더라"며 "구태를 벗기 위한 노력이 필요하다고 본다"고 말했다.

반대하는 입장에서는 학교 현장을 모르는 소리라고 맞서고 있다. 적게는 수십 명, 많게는 수백 명의 학생을 가르치는 교원들에게 학생의 이름을 모두 외워 부르도록 법으로 강제하는 것은 학생 이름을 모르면 학생을 외면하게 하여 교원의 교육활동만 위축시킬 뿐이라고 지적한다. 국내 최대 교원단체인 한국교육단체총연합회는 "교육 활동에서 비롯되는 호칭 문제까지 법으로 강제하겠다는 것은 교원의 사기를 저하하는 행동"이라며 "현실을 도외시하고 법으로 교육활동을 통제하려는 법률만능주의적 발상인 만큼 즉각 폐기해야 한다"고 반발했다.

한편 취지는 존중하지만 법으로 강제할 필요는 없다는 의견도 나온다. 학부모 이완근(44 · 경기 용인시 수지구)씨는 "선생님 입장에서 조금만 바꿔서 생각하면 해결될 문제인데, 법안으로 만드는 것은 무리가 있다고 본다"며 "옳은 일을 하겠다는 뜻을 앞세워 실현 가능성과 무관하게 법률을 만들어 현실에 개입하려는 사례가 아닌가 싶다"고 말했다. 서울의 한 사립고등학교 국어교사 A씨는 "요즘 많은 선생님이 학생의 이름을 부르기 위해서 노력한다"며 "학생의 이름을 아는데 번호로 부르는 일은 거의 없고, 학기초나 수업에 들어가지 않는 반을 시험감독할 때 등 이름을 모를 때만 번호를 활용하는 것"이라고 강조했다. 방승호 아현산업정보고등학교 교장은 "소중한 인격체인 학생의 이름을 부르는 것은 교사의 의무이긴 하지만, 굳이 법으로까지 강제하는 것은 지나치다"며 "교육계의 자발적 노력이 옳다고 본다"라고 덧붙였다.

출처: http://edu.chosun.com/site/data/html_dir/2016/11/29/2016112902059.html

6) 배려(配慮)

(1) 배려의 개념 및 필요성

- 나는 하루에 세 번 나 자신을 반성해 본다. 남을 위해 충을 다했는가, 친구와 사귀어 신을 지켰는가, 배운 것을 남에게 전했는가 하고. —공자
- 마음을 자극하는 단 하나의 사랑의 명약, 그것은 진심에서 오는 배려다. —메난드로스(고대 그리스 아테네, 시인)
- 남의 흉한 일을 민망히 여기고, 남의 좋은 일은 기쁘게 여기며, 남이 위급할 때는 건져주고, 남의 위태함을 구해주라. —〈명심보감〉

배려란 '여러 가지로 마음을 써서 보살피고 도와 줌', '관심을 가지고 도와주거나 마음을 써서 보살펴주다'(다음 국어사전)라는 뜻을 가지고 있으며, 일반적으로 상대방의 입장을 자신의 입장보다 우선시하고 다른 사람의 어려움이나 필요에 응해 주는 것을 의미한다(이은선, 2014).

여러 학자들이 제시한 배려에 대한 정의는 다음과 같다.

- Mayeroff(1971): 다른 사람에게 관심을 가지는 것, 다른 사람을 좋아하는 것, 잘되기를 바라는 것과 같은 단순한 감정이 아니라, 다른 사람이 성장할 수 있도록 도와주는 것
- Nodding(1984): 타인에 대한 걱정·염려 등으로 심리적인 부담을 느끼는 상태에 놓여 있는 것
- 고려대학교 민족문화연구원(2009): 도와주거나 보살펴 주려고 이리저리 마음을 쓰는 것
- 백윤수 외(2012): '배려'란 인성의 또 다른 부분으로, 나와 남을 이해함을 넘어 집단, 사회, 국가, 인류 전체에 대한 인식 및 존중을 핵심으로 한다.

배려는 자신에게 집중되어 있는 관심이 다른 사람에 대한 관심으로 전환되면서 시작한다. 즉 나만을 바라보는 관점에서 타인의 관점을 알고, 수용하는 과정을 거쳐 배려는 시작되며, 그 결과 자신이 중심점에 있는 것이 아니라 나와 타인

의 관계가 중심이 되는 인성의 한 측면이다. 또한 어떤 대상에 대해 자신이 그와 관계를 맺고 있음을 인지하고, 그 관계성에 대한 책임과 애착을 가지면서 그에 대한 관심을 표현하는 것이며, 의무감에서가 아니라 감정이나 동정심에서 우러나는 다른 사람에 대한 관심과 같은 특징적인 기질을 포함한다(이수연, 2001). 이러한 배려의 관점에서는 상호의존적 인간관계 및 책임감과 의무, 타인에 대한 관심과 배려, 동정, 사랑 등의 특성을 중시하고, 공동체 의식을 강조한다(정옥분·강경화, 2002).

영유아기부터 배려적 사고 방법을 가르쳐야 한다는 데에 교육계의 의견이 일치되고 있다(Sharp, 2004). 인성교육의 한 측면으로서 영유아에게 보다 이타주의적이며 자발적인 배려를 하도록 해야 하고 영유아기부터 사회적 공동체의 일원으로 타인에 대한 배려를 생활화하도록 해야 한다(박현지, 2015). 이러한 배려의 교육을 통해 영유아는 타인을 배려할 수 있고 서로 도와가면서 협력적으로 살아가는 능력을 갖추게 된다(교육과학기술부, 2011).

❶ 배려의 핵심 구성요소

Mayeroff(1971)	① 더불어 존재하기(being with) ② 타인을 위해 존재하기(being for) ③ 다른 사람을 위해 그곳에 있는 것(being there for)
이연수(2011, 2012)	① 인지적 측면: 다른 사람과의 관계를 인식하고 다른 사람의 입장에서 생각하는 것 ② 정서적 측면: 다른 사람의 필요, 감정에 마음을 쓰는 것 ③ 행동적 측면: 다른 사람에게 도움을 주고 호의에 응답하는 것

배려는 정서적·이타적 성향 함양에 중요한 역할을 하며, 행복하고, 건강한 사회적 존재로 구성원들과 함께 살아가는 데 필수적인 요소이다(김형재 외, 2016). 이러한 배려는 사소한 관심과 상대방의 입장을 헤아리는 데에서 시작된다. 배려를 실천하기 위해서는 상대가 원하는 것을 주려고 하며, 받기 전에 먼저 주려고 하며, 날마다 노력하는 자세가 필요하다.

일본의 여류작가 미우라 아야코가 조그만 점포를 열었을 때 장사가 너무 잘되어 트럭으로 물건을 공급해야 할 정도로 매출이 쑥쑥 올랐습니다. 그에 반해 옆집 가게는 파리만 날렸습니다. 그때 그녀는 남편에게 솔직한 심정을 털어 놓았습니다.
"우리 가게가 잘 되고 보니 이웃 가게들이 문을 닫을 지경이에요.
이건 우리가 진정으로 바라는 바가 아니고, 하나님의 뜻에도 어긋나는 것 같아요."
남편은 그런 아내를 자랑스러워 했습니다. 이후 그녀는 가게 규모를 축소하고 손님이 오면 이웃 가게로 보내주곤 했습니다. 그 결과 시간이 남게 되었고, 평소 관심 있던 글을 본격적으로 쓰기 시작했는데 그 글이 바로 「빙점」이라는 소설입니다. 그녀는 이 소설을 신문에 응모하여 당선되었고, 가게에서 번 돈보다 몇 백배의 부와 명예를 얻었으니 그것은 그녀의 빛나는 '배려' 덕분이었습니다.

—신한식의 수필 '배려의 힘' 중에서

(2) 배려의 형성

현대사회는 매우 급격하게 변화하며 그 모습도 매우 다양하고 복잡한 형태로 나타난다. 또한 살아남기 위해 사람들 사이의 경쟁이 치열해지면서, 자기 자신과 주위를 돌아볼 여유조차 없는 상황이 되었다. 이런 상황에 처한 현대인들은 자신은 다른 사람들로부터 배려 받고 싶어 하면서, 정작 자신은 다른 사람을 배려하지 않는 이중적인 태도를 지닌다. 또한 자신의 권리나 이익만을 먼저 고려하게 되고 다른 사람들의 삶에 대해 매우 무관심한 태도를 보이고 있다. 그 결과 우리 사회에는 물질 만능주의, 도덕적 무관심, 격해진 감정 등을 통제하지 못한 채 흉악한 범죄를 저지르는 등의 도덕적 문제가 계속 발생하고 있다(이재혁, 2013).

이러한 사회문제들을 대하면서 우리는 학교교육의 방향성에 관해서도 고민해 볼 필요가 있는데, Noddings(2002)는 학생들의 지적 영역을 발달시키는 것보다 교육의 목표를 도덕성에 둠으로써 배려를 하고 배려를 받는 것에 대한 교육을 강조하였다.

※ 배려교육의 방법(Noddings, 2002)

- 모델링: 학생들이 부모의 행동을 따라 하듯이 교사의 행동을 모방하게 되어 배려심을 기르는 데 긍정적인 효과를 가져 온다.
- 대화: 서로 이해하고 공감하며 상대방에게 주의를 기울일 수 있는 활동이다. 대화를 통해 인간관계의 단절·분리 등을 해결하는 데에 긍정적 영향을 미칠

수 있으며, 학생들은 함께 성장하며 관계를 소중히 여길 줄 알게 되며, 서로 배려하는 마음을 지닐 수 있다.

- 실천: 실천을 위한 대표적인 방법은 봉사활동의 기회를 제공하는 것이다. 봉사활동은 주위 사람들의 어려움에 무관심했던 자신에 대한 깨달음을 줄 것이며, 타인의 상황을 이해하고, 타인의 입장에서 생각해 볼 수 있는 기회를 제공할 수 있다.
- 확증: 다른 사람 안에 있는 최상의 것을 찾아서 인정해 주고 격려해 주는 행동이다. 교사는 학생들이 가지고 있는 훌륭한 점을 발견 및 격려함으로써 학생 스스로 계발해 나갈 수 있도록 고무시켜 주어야 한다.

Noddings가 제시한 배려교육의 방법은 따뜻한 배려자로서의 교사의 역할을 강조하며, 교사와 학생들 간의 인격적 만남을 중시하고 있다. 이러한 Noddings의 입장은 그동안의 도덕적 지식의 전수자로서의 교사의 역할에서 탈피하여 보다 적극적으로 학생들의 삶을 공감하고 존중하며, 학생들이 도덕적인 배려자로 성장할 수 있도록 돕는다는 데 의미가 있다(백은영, 2015).

'배려' 읽을거리

탑골공원 거리, 어르신 배려 디자인 입다

하루에 5,000명이 넘는 어르신들이 찾는 종로구 탑골공원 북문부터 낙원상가까지 거리 100m가 어르신들을 배려한 디자인을 적용해 새로 태어났다.

서울시는 종로구 탑골공원 일대에 '락희(樂喜)거리'라는 이름의 어르신 친화거리를 조성하고 '고령화 서비스 디자인' 시범사업을 완료했다고 30일 밝혔다.

탑골공원 일대는 접근성이 뛰어나고 탑골공원, 실버영화관, 50+센터, 저가 식당 등 이용시설이 풍부해 어르신들이 주로 이용하는 공간으로 꼽힌다. 하지만 보행공간에 핸드레일 없이 높낮이가 크거나 경사가 심한 곳이 많으며, 시력이 저하된 어르신들이 이정표나 메뉴판을 보기 힘들었다. 개방된 화장실이 부족하거나 찾기 힘들어 어르신들이 노상방뇨를 하는 경우가 발생해 어르신에 부정적 인식을 만드는 일도 빚어졌다.

시는 어르신들이 '즐겁고 기쁜 거리(락희거리)'라는 목표를 세우고 지역 현황과 이용자 관찰조사, 행태분석, 어르신 시민 체험단 워크숍을 거쳐 문제점을 진단하고 이용자의 수요를 반영해 개선안을 도출했다. 변신한 락희거리에는 상점들이 옛 글자체를 살린 간판을 내거는 등 거리 곳곳에서 향수를 불러일으키며, 상점에서는 생수를 제공하고 화장실을 이용할 수 있고, 각종 이정표와 메뉴판은 눈에 잘 볼 수 있게 디자인했다.

우선 '상냥한 가게'는 락희거리 상점 11곳으로 약을 복용할 때 마실 생수를 제공하거나 화장실을 이용 가능하며, 따로 현미밥을 준비하는 등 각 상점 특성에 맞춰 서비스 마크를 달고 있다. 상냥한 가게 중 어르신들이 많이 찾는 이발관에 마련된 '어르신 우선 화장실'은 실금·실변 등을 처리할 수 있도록 변기와 세면대가 하나로 된 변기일체형 세면대를 설치했다. 己자 안전 손잡이와 지팡이 거치대, 미끄럼 방지 타일을 적용해 낙상을 방지했고, 소지품 분실 방지 선반도 달았다.
'어르신 이정표'는 시력과 인지능력이 떨어진 어르신들도 쉽게 알아볼 수 있도록 글자 크기를 키우고 대비·명도·채도 차이를 이용해 자주 찾는 시설 및 장소를 어르신 눈높이에 맞춰 제작했다.
화장실과 테이블 등에 설치된 '지팡이거치대'는 어르신 필수품 중 하나인 지팡이를 걸어놓을 수 있는 장치로, 걷는 시간 외에 세워놓을 수 있어 바닥에 내려놓는 지팡이 때문에 걸려 넘어지는 사고를 막는다.

이밖에 '심장 응급소', '이심전심 매뉴얼', '큰 글자 메뉴판' 등으로 어르신들이 타인에게 의존하지 않고도 상호 존중과 배려 속에서 락희거리를 안전하게 이용하도록 배려했다.
락희거리에는 상냥한 가게를 중심으로 상가번영회가 조성돼 어르신 참여 프로그램이 운영되며, 내년엔 종로구 주도로 보행환경 개선사업이 진행될 예정이다.

출처: http://www.newstomato.com/ReadNews.aspx?no=712100

7) 소통(疏通)

(1) 소통의 개념 및 필요성

- 인간은 입이 하나 귀가 둘이 있다. 이는 말하기보다 듣기를 두 배 더하라는 뜻이다.
  –〈탈무드〉
- 군자는 말을 잘하는 사람의 말에만 귀를 기울이지 않고 말이 서툰 사람의 말에도 귀담아 듣는다. –공자
- 백성을 멀리하면 나라가 망한다. –속담

- 그 사람의 말을 듣고 그 사람의 눈동자를 보면 그 사람을 알 수가 있다. 그 사람이 어떻게 해서 자기를 숨길 수가 있단 말인가. —맹자

인간은 상호교류를 통한 사회적인 틀 속에서 인간관계가 형성되고 보편적인 삶이 이루어진다. 이런 상호교류의 수단이 되는 의사소통이란 사람들 간에 생각이나 감정 등을 교환하는 총체적인 행위이다. 라틴어의 'communis'에 바탕을 두고 있으며, 나누다, 전달하다, 참여하게 하다, 관여하다, 공유하다라는 뜻을 지니고 있다. 소리, 신호, 몸동작 또는 상징을 통해 사고, 느낌, 아이디어 등을 전달하여 화자와 청자 양편의 차이를 극복하고자 하는 행위로 정의되며, 사람들이 사회관계를 시작하고 유지하기 위한 필수적인 도구로서 사회적 상호작용의 기초가 된다(주영희, 1998). 여러 학자들이 제시한 의사소통의 정의는 다음과 같다.

- Hoy & Miskel(2013): 의사소통은 발신자와 수신자 간에 주고받은 메시지를 기호화하고 해독하며 피드백하는 과정을 말한다.
- 이군현(1997): 우리의 몸을 하나의 조직으로 볼 때, 의사소통은 혈관(내부의 의사소통)과 호흡기(외부와의 의사소통)로 비유할 수 있을 것이다.
- 최한수(2003): 자신의 느낌과 생각을 교환하는 과정이다.

Satir, Banmen, Gerber & Gomori(1991)는 의사소통을 정보를 주고받는 과정이라고 말하였으며 언어적·비언어적 의사소통과정을 중시하였고 모든 의사소통기술과 유형은 어려서부터 부모와 가족들의 훈련과정을 통해 학습된 것으로, 새로운 학습과 필요에 따라 변할 수 있다고 하였다. 또한 Satir와 동료들(1991)은 의사소통은 두 개의 수준에서 이루어진다고 보았다. 하나는 표현되는 수준, 즉 문자 그대로의 내용이고, 다른 하나는 메시지에 대한 메시지를 보내는 메타 의사소통(meta communication) 수준으로 언어적 표현과 동시에 자동적으로 얼굴 표정, 몸짓, 안색의 변화, 목소리의 높낮이, 호흡의 빠르기 등의 비언어적 표현으로 메시지를 보내게 된다.

의사소통은 인간관계에서 의미를 창출하고 공유하는 상징적이며 가장 보편적인 상호교류과정으로서, 인간관계를 형성하고 유지하는 상호반향적 과정이며, 정

보나 메시지를 전달하고 수신하여 공통된 의미를 수집하고, 나아가서 서로의 행동에 영향을 미치는 과정과 행동이다(Galvin & Brommel, 1982). 의사소통을 통해 타인과의 관계를 유지·향상시킬 수 있게 되며, 사회체계 내에서 적응할 수 있게 된다. 의사소통은 전달되는 내용뿐 아니라 전달하는 과정도 포함한다. 이것은 타인과 정보를 교환하는 과정이므로 내용이 아무리 좋아도 전달방법이 적절하지 않으면 효율적인 의사소통이 이뤄질 수 없고, 상호 간의 이해와 마음의 결합이 공유되어야 한다(김성원, 2016).

※ 의사소통의 기능(구현정·전영옥, 2005)

- 사람을 사람 되게 하여 준다.
- 문화전달의 도구가 된다.
- 상대방을 알아갈 수 있을 뿐만 아니라 자기 자신을 발견할 수 있는 수단이 된다.
- 상대방과 친밀한 관계를 맺을 수 있고 유지하도록 한다.
- 상대방을 돕기도 한다.
- 행동의 변화를 가져온다.
- 사람들끼리의 협동을 가능하게 한다.
- 긴장을 이완시킨다.

오늘날 사회가 복잡해지고 급변함에 따라 사회구성원의 가치관과 의식이 다양화, 개별화되어 서로 간의 의견갈등이 심화되고 있다. 의사소통을 통해 대인관계를 시작하거나 끝낼 수도 있으며 자신을 상대방이 어떻게 지각하는가를 배울 수도 있으며, 자신의 생각, 행동, 감정의 변화까지 일으킬 수도 있으므로(김현주, 2010), 서로 간의 생각을 이해하고 존중하기 위해서 소통의 중요성이 더욱 요구된다고 할 수 있다.

(2) 소통의 교육방법 및 실천원리

의사소통은 인간관계에 있어서 서로의 감정, 생각, 태도, 느낌 등의 메시지를 전달하는 매개체 역할을 하며, 인간관계를 형성하고 유지하는 데 필수적인 중요한 과정으로 타인을 이해하고 자신을 표현하는 가장 기본적인 수단이다. 상대방에게 나의 의도를 정확히 효과적으로 전달하고 좋은 인간관계를 유지하기 위해서는 무엇보다 효과적인 말하기와 듣기가 필요하다.

효과적으로 말하기 위해서는 첫째, 상황과 맥락을 고려해서 말해야 한다. 둘째, 자신이 전하고자 하는 내용이나 정보를 정확하게 전달해야 한다. 셋째, 듣는 사람이 말하려는 내용에 대해 어느 정도 알고 있는지 고려해야 한다. 넷째, 나와 상대방의 관계를 고려하며 말해야 한다. 그리고 효과적인 듣기를 위해서는 첫째, 상대방의 요구를 잘 파악해야 한다. 둘째, 상대방이 말한 내용을 분명히 이해할 때까지 질문한다. 셋째, 자신이 이해한 정도에 대해 상대방에게 솔직한 반응을 보인다. 넷째, 상대방의 말에 대한 자신의 생각을 이야기함으로써 그 문제에 대해 더 깊이 있는 대화를 이어나갈 수 있도록 상대방을 격려한다. 효과적인 듣기와 말하기를 바탕으로, 타인과의 효과적인 의사소통을 위한 중요한 세 가지의 구성요소를 제시하면 다음과 같다(이호진, 2016).

① 잘 귀담아듣기(공감): 다른 사람의 눈으로 세상일을 듣고 보려는 태도를 뜻하며, 상대방의 말을 경청만 하는 것이 아니라, 상대방이 전달하고자 하는 말의 내용은 물론이며, 그 내면에 깔려 있는 동기인 정서에 귀를 기울여 듣고 이해된 바를 상대방에게 피드백(feedback)하여 주는 것을 말한다.

② 효과적인 자기표현(주장): 다른 사람이 위축되거나 면박당하거나 무시당한다고 느끼지 않도록 자신의 감정을 전달하는 것을 말한다.

③ 존중하기: 갑갑하고 짜증이 나도 친절, 보살핌, 배려의 자세로 다른 사람을 대해주는 것이다. 적절한 내용의 질문은 말하는 이로 하여금 듣는 이를 더욱 배려하여 이야기하게 하고, 존중받는 느낌이 들게 한다.

상대방의 입장에서 상대방이 하는 말들을 정확하게 이해하고, 이해한 것들이 맞는지 확인을 하며, 여기에 감정까지도 파악하고 확인까지 하면 효과적인 소통이 이루어진다. 이러한 의사소통을 할 수 있게 되면 많은 사람은 생각들을 더욱 부드럽게 끄집어낼 수 있게 되고, 답답한 느낌을 받았던 것들도 의사소통을 통해 더욱 자세하고, 구체적으로 획득할 수 있게 된다. 이 과정에서 생각들을 정리하고 일정한 범위 안에서 조사할 수 있으며, 거기에 다른 생각과 의미들을 더하여 올바른 의사소통이 만들어지는 것이다(민은경, 2016).

※ 효과적인 대화의 기술

- 상대의 미간을 쳐다보면서 이야기한다.
- 대화 내용에 변화를 주고 가능한 한 표준말을 사용한다.
- 상대방의 이야기를 끝까지 들어주고 이야기한다.
- 대화 중 미소를 잃지 않도록 조심한다.
- 적절한 유머를 활용하고 제스처나 보디랭귀지도 필요 시 사용한다.
- 상대와 대등한 위치에서 대화하고 상대의 장점을 강조해 준다.

'소통' 읽을거리

악플을 읽다

미국의 인기 방송 프로그램인 '지미 키멜 라이브'는 출연한 스타들이 본인의 악플을 소리 내 읽는 '못된 트위터' 코너로 유명하다. 시청자는 스타들이 악플을 읽으며 감정을 솔직하게 표현하는 모습에 공감하며 즐거워한다. 필자가 미국에서 생활할 당시에도 '못된 트위터' 코너는 방송 다음 날 동료, 친구들과 한 번씩 얘기할 정도로 화제의 중심이었다. 민감한 소재를 수면 위로 올려 재미 요소와 함께 간접적으로 경험하게 했다는 점에서 참신한 콘텐츠라는 평가를 받았다.

지난해 피자헛은 창립 30주년을 맞아 대대적인 소비자 조사를 통한 브랜드 방향성을 논의하기 위해 '피자헛, 악플을 읽다' 캠페인을 기획했다. 소비자의 '날 것 그대로'의 목소리가 회사에 도움이 될 것이라는 기대에 임직원 모두가 적극 참여했다. 그 과정에서 악플을 직접 읽어볼 기회가 왔다. 처음에는 받아들이기가 쉽지 않았다. 캠페인을 위해 촬영을 하고 있음에도 불구하고 표정관리가 되지 않아 진땀을 흘리기도 했다. 악플을 읽으며 각 부서 임직원과 오랜 기간 개선 방향을 논의했고, 소비자의 의견을 반영한 새로운 제품을 개발했다. 그리고 본격적인 출시 전, 악플을 작성한 고객을 찾아가 신메뉴를 먼저 공개했고, 이에 대한 솔직한 리뷰도 받았다.

결과는 성공적이었다. 해당 제품은 출시 이후 높은 판매율을 기록하며 소비자의 사랑을 받았다. '피자헛, 악플을 읽다' 캠페인 역시 영상 공개 직후 110만 건의 조회 수를 기록했으며 업계에서는 지금도 소비자와의 성공적인 소통 사례로 회자되고 있다.

스티븐 리 〈한국피자헛 대표〉

2005년 최악의 배터리 리콜 사태를 일으킨 미국의 델은 논란 이후 온라인에서 소비자와의 1 대 1 대화 창구인 '아이디어 스톰'을 개설해 소비자의 아이디어를 받았다. 접수한 내용을 토대로 단점을 보완하고 베스트 아이디어를 신제품에 반영했다. 미국 언론은 '델은 최악에서 최고가 됐다'며 소셜미디어의 힘을 가장 잘 이용한 사례로 평가했다. 이제는 온라인이 소통 창구의 기본이 된 만큼 기업도 불특정 다수에게 빠른 속도로 전파되는 온라인 채널의 특성을 잘 활용해야 한다. 악플 역시 소비자 의견의 일부로 여기고, 신속하게 대처하는 매뉴얼을 마련한다면 긍정적인 기업 이미지를 형성하는 데 도움이 될 것으로 생각한다.

출처: http://www.hankyung.com/news/app/newsview.php?aid=2016113091511

8) 협동(協同)

(1) 협동의 개념 및 필요성

- 벌들은 협동하지 않고는 아무것도 얻지 못한다. 사람도 마찬가지이다.
  –E. 허버트(영국, 철학자)
- 우리는 형제로서 함께 살아가는 것을 배워야 한다. 그렇지 않으면 바보로서 다 같이 멸망할 따름이다. –마틴 루터 킹 2세(미국, 목사, 인권운동가)
- 단결은 힘이다. –호메로스(고대 그리스, 시인)

협동(cooperation)은 인간이 생존하기 위해 꼭 필요한 생존방식이다. 인간은 혼자서는 살아갈 수 없는 존재로 협동은 오랜 역사 속에서부터 이루어져 왔으며 교육에까지 영향을 미쳐왔다. 협동의 사전적 의미는 서로의 마음과 힘을 하나로 합하는 것으로 공동의 목표를 해결하기 위해 함께 문제를 해결하는 것을 뜻한다. 단순히 시각적·공간적으로 함께 한다는 좁은 의미에서부터 여럿이 함께 공동의 목표를 달성하기 위한 사회적 활동이라는 넓은 의미까지도 포함한다(이동원, 1991; 박미주, 2009).

최근의 교육현장에서 학생들의 모습을 보면, 타인과 협동하며 서로를 수용하고 지지하는 성향들이 부정적으로 변화되고 있다(구봉진·김주호, 2011). 입시위주의 교육문화로 인해 학생들의 학업경쟁이 점점 치열해지고 있으며, 이러한 상황은 서로 간의 지나친 경쟁심을 불러일으켜 개인주의적이고 이기적인 태도를 가지게 하여 교우관계에도 부정적 영향을 미치고 있는 것이다. 우리의 교육은 이러한 사회적 문제를 해결하기 위한 방법으로써 공동체 활동의 필요성이 제기된다. 즉, 영유아에게 경쟁이 아닌 타인과 함께하는 공동체 생활을 통해 협동이라는 가치를 강조해야 한다.

교육학적 관점에서의 협동활동은 한 학급에 전체 또는 5~6명으로 구성된 집단이 공동의 목표를 성취하기 위하여 협력적으로 하는 공동학습으로 정의한다(서울대학교 교육연구소, 1995). 사회성이 부족한 영유아들에게 단순히 또래와 함께 하는 의미로서의 협동활동보다는 영유아들의 전인적인 발달과 인성발달에 기여하는 의미로서의 협동활동이 중요하다. 이러한 협동활동은 타인과 함께 활동함으로써 인성교육의 목표인 자신에 대한 이해, 타인에 대한 배려, 존중, 양보, 사회성 향상, 자아증진감 향상, 공동체 의식 고양 등 영유아에게 바람직한 인성을 기를 수 있도록 도움을 준다(박현지, 2015). 좀 더 구체적으로 협동활동의 필요성을 제시하면 다음과 같다(김현섭, 2012).

① 학습활동에 있어 학생들의 흥미 있는 참여

② 학업성취도의 향상

③ 시너지효과의 극대화

④ 타인에 대한 배려의 학습

⑤ 사회적 기술의 증진
⑥ 의사소통능력의 향상
⑦ 긍정적인 자존감 형성
⑧ 신체적인 에너지 분출의 자연스러운 기회
⑨ 학생들의 잠재된 재능의 개발 및 격려

2011년에 발표된 영유아인성교육프로그램에서는 교육 내용들이 지식전달에 그치지 않고 영유아수준에서 적절한 실천으로 이어질 수 있도록 협동학습을 최대한 활용하고자 하였다. 협동활동과정에서 영유아는 집단 구성원들과 공동의 목표를 달성하기 위해 주어진 과제를 수행하고 지속하면서 자기가 맡은 바 역할을 끝까지 책임감 있게 완성하려는 노력을 보임으로써 책임감이 향상되며, 타인과 의견을 절충하는 가운데 타인의 권리와 요구를 존중하면서 타인에 대한 이해뿐 아니라 자기의 의견, 요구, 느낌 등을 적절히 표현하는 자기주장의 능력도 증진된다고 하였다(교육과학기술부, 2011).

(2) 협동학습 및 교사의 역할

협동학습이란 단순한 모둠수업이 아닌, 진정으로 함께 공부하고 서로의 학습을 도와주는 것이다. Johnson & Johnson(1994)은 협동학습을 자신과 타인의 공동적 목표성취를 위해 함께 노력하는 것으로 정의하면서, 소집단 형태의 교수방법 중 하나로 공동적인 과제를 완성하기 위해 서로 돕는 일이라고 하였다. 협동학습이 잘 진행되려면, 우선 적절한 공감대의 형성이 필요하다. 그런 다음 협동의 기술을 배우게 되는데, 이때 좋은 청취자가 되어 적극적인 듣기가 중요하다. 영유아교사에 대한 협동학습이 잘 이루어지기 위해서는 다음과 같은 기본요소들이 필요하다(Johnson, Johnson, & Holubec, 1994).

① 긍정적 상호의존성: 집단 구성원이 서로 연결되어 있어서 모든 사람이 성공하지 못하면 한 사람도 성공할 수 없다는 것을 인식하여야 한다. 집단의 성공을 위해서는 나와 너 모두 성공해야 하기 때문이다.

② 대면적 상호의존성: 집단 구성원 사이에 긍정적 상호의존성이 확립되면, 집단의 목표성취를 위해 서로를 지지하고 격려하며 노력을 칭찬함으로써 다른 사람의 성공을 촉진시켜 주는 것이 필요하다.

③ 개별적 책무성: 집단의 목표, 과제 달성을 위해서는 구성원 각자가 맡은 책임을 다해야 하며, 집단 구성원 각각의 수행에 대한 평가결과가 집단과 자신에게 적용되기 때문에 개별 책무성이 더욱 강조된다.

④ 사회적 기술: 사회적 기술이란 집단 내에서의 갈등관리, 리더십, 의사결정, 능동적 청취 등을 의미하며, 협동적 노력이 성공하기 위해서는 이와 같은 것들이 의도적이고 정확하게 학습되어야 한다.

⑤ 집단 과정: 집단과정은 집단 구성원이 어떻게 하면 공동의 목표를 더 잘 성취할 수 있을지에 대해서 집단 구성원들의 역할, 학습활동 등에 대해 논의하는 과정이다. 집단 구성원들은 집단활동에 대해 서로가 피드백을 주고받으며 집단 활동에 대해 논의하는 집단 과정이 필요하다.

협동학습은 기존의 수업방식과 전혀 다르게 진행되므로 그에 따른 교사의 역할도 달라져야 한다. 협동학습은 학생들이 수업의 주체가 되며, 교사는 한 발자국 물러서서 조언자나 안내자 역할을 수행해야 한다. 이때 교사는 학생들 스스로 문제를 해결해 나갈 수 있도록 지켜보는 것이 바람직하지만 너무 방관하는 것도 바람직하지 않다(전두리, 2015). 협동학습에서 교사의 역할을 구체적으로 요약하면 다음과 같다(이지연, 2006).

① 교사는 협동학습의 원리와 방법을 학생들에게 이해시키고, 협동학습에서 요구되는 사회적인 기술을 충분히 훈련시켜야 한다.

② 교사는 수업시간에 학생들이나 소집단을 살펴보면서 개별적으로 지도해야 한다.

③ 교사는 방관자이기보다는 학습자들이 활발하게 활동을 할 수 있도록 적극적으로 개입해야 한다.

④ 교사는 과제를 수행한 이후, 학생들이 스스로 자신의 모둠활동에 대하여 반성할 수 있는 기회를 주고, 교사 역시 조언을 해 주어야 한다.

협동학습을 통한 상호작용은 동료 간의 우정, 서로에 대한 적극적인 태도, 다른 사람에 대한 책임감, 타인에 대한 존경심 등을 가져올 수 있으며, 모든 집단 구성원들이 그 집단의 목표를 달성하는 데 다 같이 기여하기 때문에 각자는 상당한 성공경험을 갖게 되어 긍정적인 학습태도 및 동기를 가질 수 있게 한다(변영계·김영환·손미, 2000).

'협동' 읽을거리

경제 주권 회복을 위한 국민의 노력 '국채보상운동'

1907년, 빚 때문에 일제 앞에 무릎을 꿇어야만 했던 순간이 있었습니다.

"빚 때문에 나라를 망하게 할 수는 없다."

당시, 서상돈은 일제에 의해 주권이 무너지는 원인을 '빚'에 있다고 보고 있었기에 빚을 해결할 만한 방안을 모색하기 시작했습니다. 수많은 시간 동안 고민한 끝에, 서상돈은 '국민의 힘으로 국채를 갚고 국권을 지키자'는 국채보상운동을 주도하기 시작했습니다.

국채보상운동은 대구에서 시작되어 전국으로 확산되었으며, 각종 애국 계몽 단체와 언론기관 등이 모금운동에 참여함으로써 뜨거운 호응이 이어졌습니다. 당시 일제에게 진 빚은 1,300만 원 수준. 당시의 대한제국으로서는 갚을 수 없는 금액이었지만, 그 당시 국민들은 쉽게 포기하지 않았습니다.

국채보상운동은 1998년 IMF 시절과 닮아 있습니다. 재산이 있는 사람은 자신의 사재를 털어 내놓았고, '패물폐지부인회' 등을 만들어 여성들도 십시일반 금붙이를 보탰습니다. 전 국민이 일제의 탄압에서 벗어나려 독립운동을 한 셈입니다. 이는 국가경제가 어려움에 처함에 따라 국민들이 '자발적 희생정신'을 발휘한 것인데요.

우리나라 국민들이 마음을 한데 모으는 것을 두려워 한 일본의 방해는 매우 심했습니다. 결국 일제의 탄압에 못 이겨 국채보상운동은 실패로 돌아갔는데요. 이를 주도한 서상돈과 힘을 보탰던 많은 사람들은 아직까지도 많은 이들의 기억 속에 남아 있습니다.

국채보상운동은 당시 계속되었던 일제의 경제 침탈과 국권침탈에 대항하도록 한국인을 각성시키는 계기를 만들었다는 점에 있어, 매우 큰 가치가 있다고 느껴집니다. 위기 상황마다 마음을 한데 모아 이겨낸 우리나라. 다시 한 번 나라를 생각하는 마음을 되새겨야 할 때가 아닐까요?

출처: http://m.blog.naver.com/much_korea/220873723795

part II

실제 편

CHAPTER 7

예(禮)를 통한 영유아교사 인성교육

1 '예' 덕목의 이해와 증진을 위한 인성교육

1) '예' 덕목의 인성교육 모형

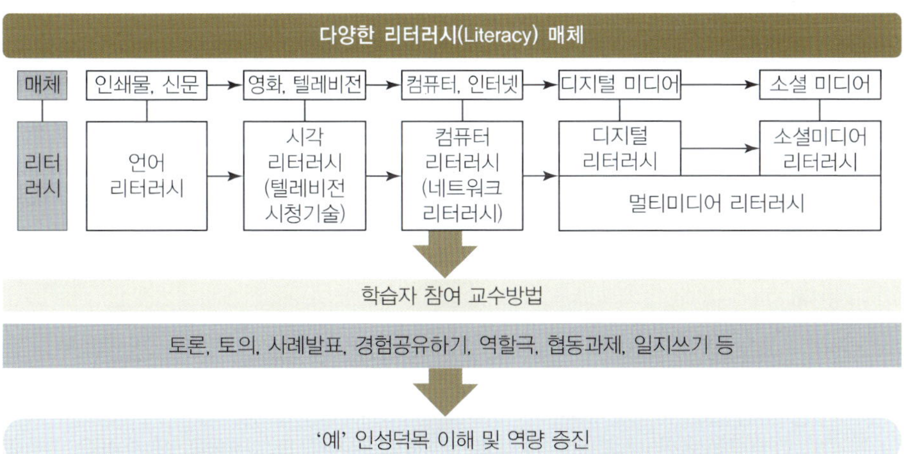

[그림 7-1] '예' 인성덕목 이해와 증진을 위한 모형

'예' 덕목의 인성교육 모형은 언어 리터러시, 시각(영상) 리터러시, 정보 리터러시, 네트워크 리터러시, 멀티미디어 리터러시의 다양한 리터러시 매체를 활용

한 '예' 인성교육 요소를 적용하였다. 토의 및 토론, 사례발표, 협동과제등 학습자 참여교수방법을 활용하여 자신이 이전에 알고 있었던 '예'의 경험과 프로그램을 통한 '예'에 대한 생각의 변화와 느낀 점을 깨닫게 됨으로써 인성덕목에 대한 바른 이해와 반성적 사고를 통하여 스스로를 변화시킬 수 있는 학습자중심의 실천적 활동으로 진행한다.

2) '예' 인성덕목 이해와 증진을 위한 수업단계

- 개인적 성장: 인성덕목 중 스스로 '예'를 얼마큼 이해하고 실천하고 있는지 인식하고 수용하여 개인의 인성성장을 도모한다.
- 사회적 성장: 인성증진 활동을 통하여 자신을 개방하고 타인을 인정하며 사회적 관계에 영향을 미치는 '예'의 덕목을 인지하여 '예'를 지키지 않았을 때 타인에게 미칠 수 있는 영향들과 타인의 '예' 실천을 통한 스스로의 변화에 대해 생각한다. 이를 통하여 타인과의 예를 존중하며, 서로 간의 관계형성을 향상하여 사회적 성장을 도모한다.
- 전문적 성장: 유아교사로서 갖추어야 할 인성덕목 및 역할, 소양등을 명료화하여 전문적 성장을 도모한다.

'예' 인성덕목 이해와 증진을 위한 수업은 4단계에 걸쳐 이루어진다.

- 1단계 – 생각나누기: 인성덕목 중 '예'의 의미를 소개하고 활동목표를 제시한다. 또한 '예'에 대해서 자신이 가지고 있는 기본적인 생각에 대해 이야기를 나눈다.
- 2단계 – 생각펼치기: 리터러시 매체에 나타난 상황을 '예'의 인성덕목요소에 맞추어 해석·전개하고, 자신의 생각을 다양한 방법으로 표상한다.
- 3단계 – 내면화하기: '예'의 가치를 자신의 삶에 투사하여 세계관을 넓히고 잘못된 인성습관을 개선하기 위하여 일상생활에서 '예'를 내면화하고 실천할 수 있는 힘을 기르는 방법을 모색한다.

• 4단계 – 느낌나누기: '예'의 가치와 활동하고 난 후의 느낌과 생각의 변화를 정리한다. 일상생활에서 '예'를 실천할 수 있는 방안을 모색하고 실천해 본다.

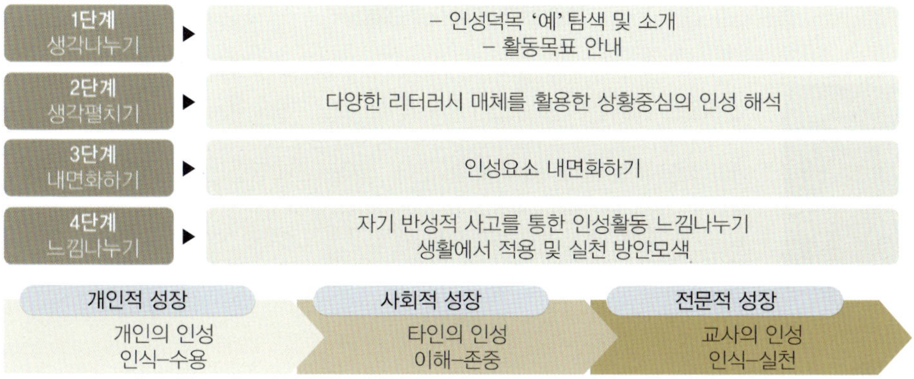

출처: 최대훈(2016)을 기초로 개발

[그림 7–2] '예' 인성덕목 이해와 증진을 위한 수업단계

3) 리터러시 매체를 활용한 '예' 인성덕목의 활동내용

인성 덕목	리터러시 매체	활동명	활동내용
예(禮)	영화	보이지 않아도 지켜야 해요	미디어 커뮤니케이션 안에서 지켜지지 않는 예절 중 악플의 위험성과 문제점을 인식하고 악플방지를 위한 포스터를 만들어 본다.
	그림책	이렇게 해 주세요	책에 없는 상황 속 예절을 지키는 위트 있는 동화책 한 장면을 만들어 본다.
	TV 다큐멘터리	우리집 밥상머리	식사시간 지켜야 할 예절표를 만들고 식사예절을 실천할 수 있다.
	영화	바른말을 사용해요	생활 속에서 무심코 사용하는 비속어나 부적절한 표현의 문제점을 인식하고 5분간 친구들에게 존댓말을 사용해 본다.

2 리터러시 매체를 활용한 인성교육의 실제

리터러시 매체 유형	인성덕목	매체제목
영화	예	소셜포비아

전 국민을 떠들썩하게 한 군인의 자살 소식에 남긴 악플로 네티즌들의 분노를 사며 실시간 이슈에 오른 '레나'. 여기에 경찰지망생 지웅(변요한)과 용민(이주승)은 인기 BJ 양게가 생중계하는 현피 원정대에 참여한다. 하지만 현피 당일 날 '레나'는 싸늘한 시체로 발견되고, 비난의 화살은 순식간에 이들에게로 향한다.
경찰 시험에 불리한 기록이 남게 될까 불안한 지웅과 용민은 '레나'의 죽음에 의혹을 제기한다는 줄거리

활동명 보이지 않아도 지켜야 해요

활동목표	
	• 사회적 이슈인 미디어 커뮤니케이션 안에서의 예절에 대해 알아본다. • 직접 악플방지 포스터를 만들어 봄으로써 악플방지에 대한 예를 실천할 수 있다. • 미디어 커뮤니케이션 안에서의 예절에 대한 활동을 통하여 악플의 위험성과 문제점을 인식한다.

매체감상

• 영화 『소셜포피아』의 한 장면을 감상하고 이야기를 나눈다.
 – 영화 『소셜포피아』에서 레나는 어떤 이유에서 악플을 달았는지, 악플을 다는 사람들의 입장에서 악플을 다는 이유에 대해 이야기해 보자.
 – 영화 『소셜포피아』를 보고 난 후 느낀 점에 대해 이야기해 보자.

활동방법

• 영화 『소셜포피아』의 주제와 비슷한 다른 사회적 이슈는 무엇이 있었는지 알아본다.
 – 영화 『소셜포피아』처럼 미디어 커뮤니케이션에서의 예절을 지키지 않아 일어나는 사회적 문제로 이슈되었던 일들에는 어떤 것들이 있었는지 이야기를 나눈다.

– 인터넷에서 악플을 찾아 읽어보고 그 악플이 나에게 향한 글이라면 어떤 느낌이 들지 이야기를 나눈다.
– 미디어 커뮤니케이션에서의 예절의 중요성에 대하여 토의해 본다.

- 미디어 커뮤니케이션에서의 예절 중 악플금지를 알리는 포스터를 제작해본다.
  – 악플금지에 대한 표어를 토론한다.
  – 표어를 하나 골라 표어에 맞게 이미지를 디자인한다.
  – 잡지 속 다양한 사진들을 이용, 콜라주하여 포스터를 만든다. (콜라주: 비유적, 상징적, 연상적인 효과를 낼 수 있는 그림, 사진, 문자들을 오리거나 찢어서 붙이는 활동)

- 자신이 만든 포스터를 소개한다.
  – 표어를 이야기하고 포스터의 그림을 소개한다.
  – 이 활동을 통하여 알게 된 점과 느낀 점에 대해 이야기를 나눈다.

실천방안

생활에서 지켜야 할 미디어 커뮤니케이션에서의 예절과 실천하기 위해서는 스스로 어떠한 노력을 기울여야 하는지 실천방안에 대해 이야기를 나눈다.

※ 미디어 커뮤니케이션에서의 예절을 위해 스스로 지켜야 할 약속 5가지를 만들어 보세요.

1.
2.
3.
4.
5.

‘보이지 않아도 지켜야 해요’ 포스터 만들기

리터러시 매체 유형	인성덕목	매체제목
영화	예	소셜포비아

♠ 악플방지와 관련한 표어를 적고 표어에 어울리는 이미지를 잡지 속 다양한 사진들을 이용하여 오리거나 찢어 붙여서 포스터를 완성해 보세요.

♠ 포스터 붙이는 장소:

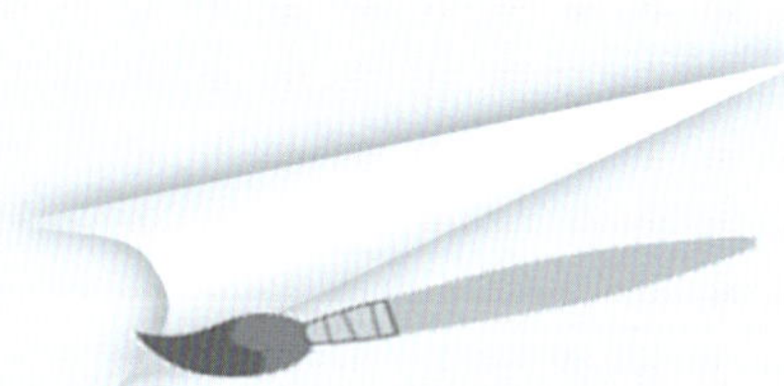

리터러시 매체 유형	인성덕목	매체제목
그림책	예	어떻게 해야 할까요?

이 책에는 아주 엉뚱하고 황당한 11개의 이야기가 등장한다. 흥미진진한 이야기는 아이들의 호기심과 상상력을 불러일으키고, 주인공이 처한 상황이나 위기 속에서 나오는 행동 예절은 위트가 넘친다. 예를 들면, "해적 친구와 보물을 찾다가 점심 식사 종이 울렸을 때 어떻게 해야 할까?"라는 상황을 주고 아이들이 다양한 행동을 상상하게 만든다. 그런 다음 "밥 먹기 전에는 손을 깨끗이 씻어요."라는 예절 바른 행동을 말해 준다.

활동명 이렇게 해 주세요.

활동목표	• 다양한 상황에서 지켜야 할 예절에 대해 알아본다. • 그림책에 없는 상황을 생각하여 그림책처럼 위트있게 예절을 지키는 장면을 만들어 본다. • 생활 속 여러 상황들에 대한 예절에 관심을 가진다.

매체감상

• 그림책 『어떻게 해야 할까요?』의 각 에피소드를 읽고 이야기를 나눈다.
 – 그림책 『어떻게 해야 할까요?』를 읽고 각 에피소드에 대한 느낌을 이야기해 보자.
 – 그림책 『어떻게 해야 할까요?』에서 의도한 각 에피소드에 대한 대처방법에 대해 이야기해 보자.

활동방법

• 그림책 『어떻게 해야 할까요?』의 상황들과 관련된 현실에서의 상황과 경험에 대해 이야기를 나눈다.
 – 그림책 『어떻게 해야 할까요?』의 상황과 비슷한 상황들을 생각해 본다.
 – 여러 상황에서 예절을 지키지 못했거나 상대방이 예절을 지키지 못한 상

황과 그때 어떤 느낌이 들었는지 이야기해 본다.
- 여러 상황들에서 적절한 대처방법들에 대해 토의해 본다.

- 그림책에 나오지 않는 예절을 지켜야 할 상황에서 적절한 예절 방법을 알리는 그림책 장면을 만들어 본다.
  - 사람들이 대처하기 곤란한 상황들을 생각해 본다.
  - 하나의 상황을 선택하고 그림책 장면을 표현하기 위한 구체적 내용을 설정한다.
  - 그림책 『어떻게 해야 할까요?』와 같이 위트 있는 방법으로 상황을 표현할 수 있는 방법을 구상하여 책에 없는 한 장면을 만들어 본다.

- 자신이 만든 그림책 한 장면을 소개한다.
  - 내가 만든 그림책 장면의 상황에서 나오는 행동 예절은 무엇인지 소개한다.
  - 이 활동을 통하여 알게 된 점과 느낀 점에 대해 이야기를 나눈다.

실천방안

잘 지키지 못했던 생활 속 각 상황에서 적절한 예절을 지키기 위한 방법과 실천방안에 대해 이야기를 나눈다.

※ 다양한 상황에서의 지켜야 할 예절에 대한 방법을 이야기해 보세요..

1.

2.

3.

4.

5.

'이렇게 해 주세요.' 그림책 한 장면 만들기

리터러시 매체 유형	인성덕목	매체제목
그림책	예	어떻게 해야 할까요?

♠ 그림책 『어떻게 해야 할까요?』와 같이 위트 있는 방법으로 상황을 표현할 수 있는 방법을 구상하여 책에 없는 한 장면을 만들어 주세요.

상황

예절을 지키는 모습

리터러시 매체 유형	인성덕목	매체제목
TV 다큐멘터리	예	밥상머리의 작은 기적

밥상머리 교육에 대한 재조명을 시도한 다큐멘터리 프로그램이다. 하루 20분 밥상머리 대화가 아이의 미래를 바꿀 수 있을 뿐 아니라, 부모와 아이의 상호관계를 획기적으로 바꾼다는 새로운 이론이 제시된 것이다. 밥상머리 교육이 인성 함양은 물론 아이의 두뇌 발달과 학습 능력에도 영향을 미친다는 놀라운 연구결과를 바탕으로 세계 각지의 사례, 전문가 인터뷰, 과학적 실험을 통해 놀라운 효과를 검증했다.

활동명 우리집 밥상머리

활동목표	• 식사시간 지켜야 할 예절에 대해 알아본다. • 식사시간 지켜야 할 예절표를 만들고 식사예절을 실천할 수 있다. • 올바르지 않은 식사예절을 인식하고 식사예절을 지키려는 자세를 가진다.

매체감상

- 다큐멘터리 『밥상머리의 작은 기적』의 한 장면을 감상하고 이야기를 나눈다.
  - 다큐멘터리 『밥상머리의 작은 기적』에서 나타난 식사예절과 상황의 문제점에 대해 이야기해 보자.
  - 다큐멘터리 『밥상머리의 작은 기적』을 보고 난 후 느낀 점에 대해 이야기한다.

활동방법

- 다큐멘터리 『밥상머리의 작은 기적』에서 다루어진 상황과 비슷한 경험을 이야기해 본다.
  - 자신이 잘 지키지 못했던 식사예절을 이야기해 본다.
  - 함께 식사하는 상대가 식사예절을 지키지 않아 불편했던 경험을 이야기

해 본다.
–식사예절의 중요성에 대하여 토의해 본다.

- 우리 가족이 지켜야 할 식사예절을 생각해 보고, 우리집 밥상머리 예절표를 만들어본다.
  –우리 가족이 잘 지키지 못한 식사예절을 생각해 본다.
  –우리 가족이 지켜 주었으면 하는 식사예절이나 식사시간 약속들을 이야기 해 본다.
  –우리 가족이 지켜야 할 식사예절을 정하여 '우리집 밥상머리 예절표'를 만들어 보자.

- 자신이 만든 우리집 밥상머리 예절표를 소개한다.
  –우리 가족이 지켜야 할 예절목록을 소개한다.
  –이 활동을 통하여 알게 된 점과 느낀 점에 대해 이야기를 나눈다.

실천방안

가족과의 식사나 다른 사람과의 식사에서 지켜야 할 식사예절을 실천하기 위해서는 스스로 어떠한 노력을 기울여야 하는지 실천방안에 대해 이야기를 나눈다.

※식사시간 지켜야 할 예절을 실천하기 위해 스스로 지켜야 할 약속 5가지를 만들어 보세요.

1.
2.
3.
4.
5.

'우리집 밥상머리' 예절표 만들기

리터러시 매체 유형	인성덕목	매체제목
다큐멘터리	예	밥상머리의 작은 기적

♠ 우리 가족이 지켜야 할 예절을 생각해 보고 '우리집 밥상머리 예절표'를 그림이나 글, 표 등으로 창의적으로 만들어 보세요.

밥상머리 예절표

리터러시 매체 유형	인성덕목	매체제목
영화	예	헬머니

일진부터 디스전문 래퍼, 자갈치 할매, 욕쟁이 경찰, 지하철 막말녀 등 전국 각지 욕의 고수들이 한자리에 모여 레전드를 가릴 욕 배틀이 펼쳐진다. 100만뷰를 달성한 지하철 막말녀, 갑질문화를 조장하는 **아파트 동 대표, 디스전문 래퍼, 한 많은 전화 상담원, "사장님, 나빠요."를 외치는 외국인 노동자 등 온라인을 뜨겁게 달구고 있는 다양한 캐릭터들이 선보이는 대한민국 최고의 욕의 고수를 뽑는 서바이벌 오디션을 소재로 삼은 영화

활동명 바른말을 사용해요

활동목표	• 비속어 사용이나 예의 없는 말의 문제점을 알고 바른 언어습관에 대해 알아본다. • 상대방에게 예절을 지켜 말하는 방법을 생각해 보고 실천한다. • 생활 속에서 무심코 사용하는 비속어나 부적절한 표현의 문제점을 인식한다.

매체감상

- 영화 『헬머니』의 한 장면을 감상하고 이야기를 나눈다.
  - 영화 『헬머니』에서 나오는 욕설이나 비속어들이 어떤 상황에서 쓰이고 있는지 이야기해 보자.
  - 영화 『헬머니』를 보고 난 후 느낀 점에 대해 이야기해 보자.

활동방법

- 영화 『헬머니』에서와 같은 비속어들을 모든 사람들이 실제로 많이 사용한다면 어떤 문제가 있을지 생각해 본다.
  - 비속어를 많이 사용하여 대화를 하거나 들어본 경험을 이야기해 본다.
  - 비속어를 많이 사용한 대화나 상대방을 무시하는 말투의 문제점을 이야기해 본다.
  - 대화에절의 중요성에 내하여 토의해 본나.

- 생활 속에서 자주 들을 수 있거나 무심코 사용하는 표현을 올바른 표현으로 바꾸어 대화해 본다.
  - 생활 속에서 자주 사용하지만 문제가 있는 표현들에 대해 이야기해 본다.
  - 상황을 정하고 비속어를 사용하여 대화를 만들어 보고 느낌을 이야기해 본다.
  - 비속어를 사용한 대화를 올바른 언어로 고쳐서 대화를 만들어 본다.

- 친구에게 5분간 존댓말을 사용하여 대화해 본다.
  - 이 활동을 통하여 알게 된 점과 느낀 점에 대해 이야기를 나눈다.
  - 친구와 5분간 존댓말을 사용하여 대화해 보고 소감을 이야기해 본다.

실천방안

생활에서 자주 사용하는 비속어를 생각하여 바른 표현으로 바꿔 보고 바른 표현을 사용하기 위한 실천방안에 대해 이야기를 나눈다.

※바른 언어사용을 위해 지켜야 할 약속 5가지를 만들어 보세요.

1.
2.
3.
4.
5.

'바른말을 사용해요' 대화하기

리터러시 매체 유형	인성덕목	매체제목
영화	예	헬머니

♠ 평소에 잘 들을 수 있는 비속어를 사용하여 대화하는 상황을 만들어보고, 바른 표현으로 고쳐서 대화를 만들어 보세요.

CHAPTER 8

효(孝)를 통한 영유아교사 인성교육

1 '효' 덕목의 이해와 증진을 위한 인성교육

1) '효' 덕목의 인성교육 모형

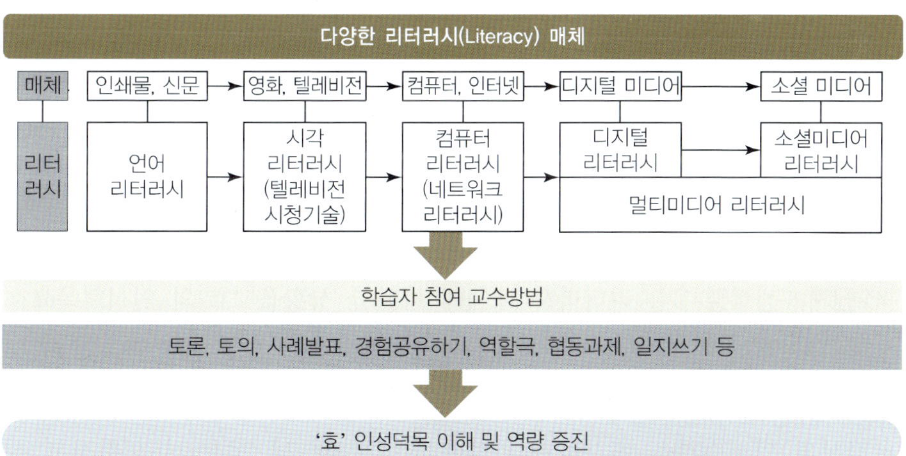

[그림 8-1] **'효' 인성덕목 이해와 증진을 위한 모형**

'효' 덕목의 인성교육 모형은 언어 리터러시, 시각(영상) 리터러시, 정보 리터러시, 네트워크 리터러시, 멀티미디어 리터러시의 다양한 리터러시 매체를 활용한 '효' 인성교육 요소를 적용하였다. 토의 및 토론, 사례발표, 협동과제 등 학습자 참여교수방법을 활용하여 자신이 이전에 알고 있었던 '효'의 경험과 프로그램을 통한 '효'에 대한 생각의 변화와 느낀 점을 깨닫게 됨으로써 인성덕목에 대한 바른 이해와 반성적 사고를 통하여 스스로를 변화시킬 수 있는 학습자중심의 실천적 활동으로 진행한다.

2) '효' 인성덕목 이해와 증진을 위한 수업단계

- 개인적 성장: 인성덕목 중 스스로 '효'를 얼마큼 이해하고 실천하고 있는지 인식하고 수용하여 개인의 인성성장을 도모한다.
- 사회적 성장: 인성증진 활동을 통하여 자신을 개방하고 타인을 인정하며 사회적 관계에 영향을 미치는 '효'의 덕목을 인지하여 효를 지키지 않았을 때 타인에게 미칠 수 있는 영향들과 타인의 '효' 실천을 통한 스스로의 변화에 대해 생각한다. 이를 통하여 타인에 대한 효를 존중하며 서로 간의 관계형성을 향상하여 사회적 성장을 도모한다.
- 전문적 성장: 유아교사로서 갖추어야 할 인성덕목 및 역할, 소양 등을 명료화하여 전문적 성장을 도모한다.

'효' 인성덕목 이해와 증진을 위한 수업은 4단계에 걸쳐 이루어진다.

- 1단계 – 생각나누기: 인성덕목 중 '효'의 의미를 소개하고 활동목표를 제시한다. 또한 '효'에 대해서 자신이 가지고 있는 기본적인 생각에 대해 이야기를 나눈다.
- 2단계 – 생각펼치기: 리터러시 매체에 나타난 상황을 '효'의 인성덕목요소에 맞추어 해석·전개하고, 자신의 생각을 다양한 방법으로 표상한다.
- 3단계 – 내면화하기: '효'의 가치를 자신의 삶에 투사하여 세계관을 넓히고 잘못된 인성습관을 개선하기 위하여 일상생활에서 '효'를 내면화하고 실천할 수 있는 힘을 기르는 방법을 모색한다.
- 4단계 – 느낌나누기: '효'의 가치와 활동하고 난 후의 느낌과 생각의 변화를 정리한다. 일상생활에서 '효'를 실천할 수 있는 방안을 모색하고 실천해 본다.

1단계 생각나누기 ▶	– 인성덕목 '효' 탐색 및 소개 – 활동목표 안내
2단계 생각펼치기 ▶	다양한 리터러시 매체를 활용한 상황중심의 인성 해석
3단계 내면화하기 ▶	인성요소 내면화하기
4단계 느낌나누기 ▶	자기 반성적 사고를 통한 인성활동 느낌나누기 생활에서 적용 및 실천 방안모색

개인적 성장	사회적 성장	전문적 성장
개인의 인성 인식–수용	타인의 인성 이해–존중	교사의 인성 인식–실천

출처: 최대훈(2016)을 기초로 개발

[그림 8–2] '효' 인성덕목 이해와 증진을 위한 수업단계

3) 리터러시 매체를 활용한 '효' 인성덕목의 활동내용

인성덕목	리터러시 매체	활동명	활동내용
효(孝)	영화	나의 부모님	부모님의 사랑이나 가족애에 대한 경험과 이야기를 글로 적어 본다.
	시	엄마 걱정	부모님의 노력과 고생에 대한 기억을 시로 표현하여 본다.
	TV 다큐멘터리	엄마의 사랑	다큐멘터리의 시한부 엄마에게 위로와 격려의 편지를 써 본다.
	노래	나의 아버지	아버지의 사랑을 느낄 수 있는 기억을 떠올리며 아버지의 얼굴을 그린 후 아버지를 소개해 본다.

2 리터러시 매체를 활용한 인성교육의 실제

리터러시 매체 유형	인성덕목	매체제목
영화	효	할머니의 먼 집

취업준비를 하며 보내던 어느 날, 가족이자 오랜 친구인 할머니가 먼 곳으로 떠나려 했다는 소식을 듣게 된다. 아직 소현은 할머니를 보낼 수 없어 곁에서 지키기로 했다. "할머니 죽으믄 나도 못 본디 괜찮애?" 무서우면 할머니를 가장 먼저 찾던 아이, 할머니가 해 주는 옛날이야기를 가장 좋아하던 아이, 이제 훌쩍 자란 소현은 어느새 작아진 할머니를 기억하기 위한 준비를 시작한다.

활동명 나의 부모님

활동목표	• 부모님과 가족애를 떠올리며 부모님의 소중함을 안다. • 부모님의 사랑이나 가족애에 대한 경험과 이야기를 글로 적어 본다. • 가족애에 대한 기억을 소중히 여기는 마음을 갖는다.

매체감상

- 영화 『할머니의 먼 집』의 한 장면을 감상하고 이야기를 나눈다.
  - 영화 『할머니의 먼 집』을 보고 난 후 느낀 점에 대해 이야기해 보자.
  - 영화 『할머니의 먼 집』에서 인상에 남는 장면에 대해 이야기해 보자.

활동방법

- 영화 『할머니의 먼 집』이 이야기를 하고자 하는 내용이 무엇인지 생각해 본다.
  - 영화 『할머니의 먼 집』의 제작일지를 보며 어떤 과정으로 영화가 제작되었는지 알아본다.
  - 영화 『할머니의 먼 집』의 감독이 어떤 이야기를 하고 싶어 했을지 자신의 생각을 이야기해 본다.

- 우리 가족과 부모님에 대한 경험을 글로 적어 본다.
  - 영화 『할머니의 먼 집』과 같이 일상 속에서 부모님과의 가족애를 느낄 수 있었던 일들을 떠올려 본다.
  - 부모님과 가졌던 특별한 시간 또는 함께 하지 못하여 아쉬웠던 기억에 대해 생각해 보고 글로 적어 본다.

- 자신이 적은 글을 소개한다.
  - 자신이 적은 글의 일부를 소개한다.
  - 이 활동을 통하여 느낀 점에 대해 이야기를 나눈다.

실천방안

부모님과 함께 하지 못하여 아쉬웠던 순간을 떠올려 보고 일상 속에서 부모님과 함께 할 수 있는 시간을 위한 계획을 적고 실천해 본다.

※부모님과 함께 할 수 있는 일들을 계획해 보세요.

1.

2.

3.

4.

5.

'나의 부모님' 에세이 적기

리터러시 매체 유형	인성덕목	매체제목
영화	효	할머니의 먼 집

♠ 부모님과 함께 하며 느꼈던 가족애나 함께 하지 못하여 느꼈던 아쉬움의 마음을 글로 적어 보세요.

리터러시 매체 유형	인성덕목	매체제목
시	효	입 속의 검은 잎

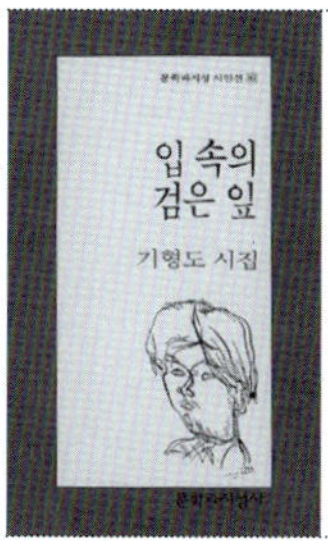

기형도의 시집 '입 속의 검은 잎'에 수록된 시 '엄마 걱정'은 어린 시절 홀로 남아 빈 방을 지키는 어린 화자의 외로움을 잘 드러내고 있다.

<열무 삼십 단을 이고 시장에 간 우리 엄마 안 오시네, 해는 시든 지 오래 나는 찬밥처럼 방에 담겨 아무리 천천히 숙제를 해도 엄마 안 오시네, 배추잎 같은 발소리 타박 타박 안 들리네, -본문 중에서>

활동명 엄마 걱정

활동목표	• 시를 통해 드러난 작가의 부모님에 대한 기억을 통해 자신의 부모님에 대한 기억을 떠올려 본다. • 부모님의 노력과 고생에 대한 기억을 시로 표현하여 본다. • 부모님의 삶과 노력에 대해 공감하는 마음을 가진다.

매체감상

• 시 『엄마 걱정』을 낭독해 보고 이야기를 나눈다.
- 시 『엄마 걱정』은 어떤 이야기를 하고 있는 시인지 자신의 생각을 이야기해 본다.
- 시 『엄마 걱정』을 읽고 난 후 느낀 점에 대해 이야기해 보자.

활동방법

• 시 『엄마 걱정』에서 작가가 보고 있는 엄마에 대한 생각은 무엇인지 생각해 본다.
- 시 『엄마 걱정』에서의 엄마는 어떤 엄마로 표현되고 있는지 생각해 본다.
- 자신의 성장과정 속에서 부모님이 겪었을 어려움에 대해 이야기해 본다(시에서 표현하고 있는 경제적 어려움의 배경 외에 다양한 관점에서의 어려움).

- 자신이 기억하고 있는 부모님에 삶과 희생에 대한 기억을 시의 형식으로 적어본다.
  - 어린시절 부모님에 대한 기억을 떠올려 본다.
  - 자신을 위해 부모님이 희생을 한 것은 무엇일지 생각해 본다(직접 본 기억이나 유추한 상황).
  - 시의 형식으로 부모님에 대한 기억과 그것을 바라보는 자신의 생각을 적어 본다.

- 자신이 지은 시를 소개한다.
  - 자신이 지은 시를 낭독하고 내용을 설명해 본다.
  - 이 활동을 통하여 느낀 점에 대해 이야기를 나눈다.

실천방안

부모님의 마음을 기쁘게 하거나 위로해 드리기 위해 내가 할 수 있는 방법과 실천방안에 대해 이야기를 나눈다.

※부모님을 위로해 드리기 위해 할 수 있는 여러 방법들을 만들어 보세요.

1.

2.

3.

4.

5.

'엄마 걱정' 시 쓰기

리터러시 매체 유형	인성덕목	매체제목
시	효	입 속의 검은 잎

♠ 성장과정에서 떠오르는 부모님에 대한 기억과 나를 위한 부모님의 희생에 대한 내용으로 시를 적어 보세요.

리터러시 매체 유형	인성덕목	매체제목
TV 다큐멘터리	효	엄마의 약속

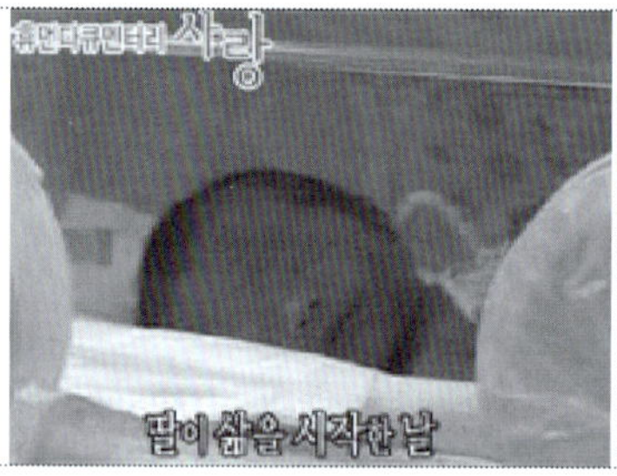

부부가 간절히 기다리던 첫 딸 소윤이가 태어났다. 그러나, 이제 삶을 시작한 딸이 세상에 얼굴을 내미는 순간 검붉은 피를 토해 냈다. 그것은 이 가족이 헤쳐 나가야 할 고통의 시작이었다. 엄마의 몸에서 10개월 동안 암세포와 딸 소윤이가 함께 자라고 있었던 것이다. 엄마의 꿈은 모유를 먹이는 것이었다. 그 때문에 출산 다음날, 암으로 인한 통증 조절을 위해 투여하는(마약성 진통제)까지 거부한다.

활동명 엄마의 사랑

활동목표	• 자녀에 대한 엄마들의 사랑과 희생을 알 수 있다. • 다큐멘터리의 시한부 엄마에게 위로와 격려의 편지를 써 본다. • 다큐멘터리 속 시한부 엄마의 사랑에 공감하는 마음을 가진다.

매체감상

- 다큐멘터리 『엄마의 약속』의 한 장면을 감상하고 이야기를 나눈다.
  - 다큐멘터리 『엄마의 약속』이 하고자 하는 이야기를 생각해 보고 주제 선정과 촬영 배경에 대해 알아보자.
  - 다큐멘터리 『엄마의 약속』를 보고 난 후 느낀 점에 대해 이야기해 보자.

활동방법

- 다큐멘터리 『엄마의 약속』에서의 상황과 결정에 대한 자신의 생각을 이야기해 보자.
  - 다큐멘터리 『엄마의 약속』에서 엄마는 왜 그런 결정을 하였을까?
  - 자신이 다큐멘터리에 나오는 시한부 엄마의 입장이라면 그런 결정을 할 수 있을지 이야기해 보자.

–엄마들이 자녀들을 위해 할 수 있는 희생들에 대해 이야기해 보자.

- 다큐멘터리 『엄마의 약속』의 시한부 엄마에게 편지를 써 본다.
  –시한부 엄마가 어떤 갈등과 고민을 했을지 생각해 보자.
  –격려와 위로를 하기 위하여 시한부 엄마의 상황을 공감하는 말로 이야기 해 보자.
  –시한부 엄마에게 위로와 격려의 편지를 써보자.

- 자신이 쓴 편지를 소개한다.
  –편지의 내용을 소개한다.
  –이 활동을 통하여 느낀 점에 대해 이야기를 나눈다.

실천방안

자녀를 위해 희생하는 엄마들을 격려해 줄 수 있는 방법들을 생각해 보고 실천방안에 대해 이야기를 나눈다.

※자녀를 위해 희생하는 엄마들을 격려해 줄 수 있는 방법들을 만들어 보세요.

1.

2.

3.

4.

5.

'엄마의 사랑' 편지쓰기

리터러시 매체 유형	인성덕목	매체제목
TV 다큐멘터리	효	엄마의 약속

♠ 시한부 엄마를 위로하고 격려해 줄 수 있는 편지를 써 보세요.

사랑하는 나의 엄마에게......

리터러시 매체 유형	인성덕목	매체제목
노래	효	아버지

한걸음도 다가설 수 없었던 내 마음은 알아주기를
얼마나 바라고 바래 왔는지 눈물이 말해 준다.
점점 멀어져 가버린 쓸쓸했던 뒷모습에 내 가슴이 다시 아파온다
서로 사랑을 하고 서로 미워도 하고 누구보다 아껴주던
그대가 보고 싶다. 가까이에 있어도 다가서지 못했던
그래 내가 미워했었다

- 노래 가사 중

활동명 나의 아버지

활동목표	• 아버지에 대한 기억을 떠올리며 아버지의 사랑을 생각해 본다. • 아버지의 사랑을 느낄 수 있는 기억을 떠올리며 아버지의 얼굴을 그려본다. • 아버지와의 가족애를 느낄 수 있는 기억을 떠올리고 감사의 마음을 갖는다.

매체감상

- 인순이의 노래 『아버지』를 감상하고 이야기를 나눈다.
  - 인순이의 노래 『아버지』의 가사를 읽어보고 가사의 내용을 되새겨 보며 노래를 들어보자.
  - 인순이의 노래 『아버지』를 듣고 난 후 느낀 점에 대해 이야기해 보자.

활동방법

- 인순이의 노래 『아버지』의 노래 배경을 생각해 본다.
  - 인순이의 아버지에 대한 기억을 인터뷰 기사로 찾아보고 인순이는 아버지에 대해 어떤 기억과 감정을 가지고 있었는지 알아본다.
  - 인순이는 어떤 마음으로 아버지를 용서하였는지 인순이의 입장이 되어 이야기해 본다.

- 아버지에 대한 기억을 떠올리며 아버지 얼굴을 그려본다.
  - 아버지와의 여러 가지 기억들을 떠올려 본다.
  - 아버지의 사랑이나 가족애를 느낄 수 있었던 기억 등을 떠올리며 아버지의 얼굴을 상상해 본다.
  - 아버지의 얼굴을 그리고 아버지의 입장에서 왜 이런 표정인지 아버지의 기분, 생각을 상상해 본다.

- 자신이 그린 그림을 소개한다.
  - 어느 시절의 얼굴인지 어떤 표정인지를 설명한다.
  - 이 활동을 통하여 느낀 점에 대해 이야기를 나눈다.

실천방안

아버지와의 기억을 떠올리고 아버지에게 사랑의 표현을 할 수 있는 방법들에 대해 이야기를 나눈다.

※아버지에게 사랑을 표현할 수 있는 방법들을 생각해 보세요.

1.
2.
3.
4.
5.

'나의 아버지' 얼굴그리기

리터러시 매체 유형	인성덕목	매체제목
노래	효	아버지

♠ 아버지와 함께 했던 기억을 떠올리며 아버지의 얼굴을 그려 보세요.

그린이:________________________

CHAPTER 9

정직(正直)을 통한 영유아교사 인성교육

1 '정직' 덕목의 이해와 증진을 위한 인성교육

1) '정직' 덕목의 인성교육 모형

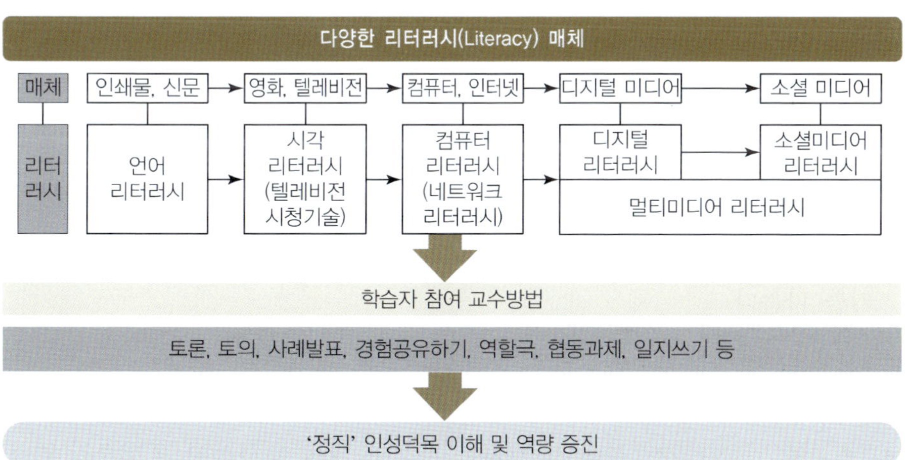

[그림 9-1] '정직' 인성덕목 이해와 증진을 위한 모형

'정직' 덕목의 인성교육 모형은 언어 리터러시, 시각(영상) 리터러시, 정보 리터러시, 네트워크 리터러시, 멀티미디어 리터러시의 다양한 리터러시 매체를 활

용한 '정직' 인성교육 요소를 적용하였다. 토의 및 토론, 사례발표, 협동과제 등 학습자 참여교수방법을 활용하여 자신이 이전에 알고 있었던 '정직'의 경험과 프로그램을 통한 '정직'에 대한 생각의 변화와 느낀 점을 깨닫게 됨으로써 인성덕목에 대한 바른 이해와 반성적 사고를 통하여 스스로를 변화시킬 수 있는 학습자중심의 실천적 활동으로 진행한다.

2) '정직' 인성덕목 이해와 증진을 위한 수업단계

- 개인적 성장: 인성덕목 중 스스로 '정직'을 얼마큼 이해하고 실천하고 있는지 인식하고 수용하여 개인의 인성성장을 도모한다.
- 사회적 성장: 인성증진 활동을 통하여 자신을 개방하고 타인을 인정하며 사회적 관계에 영향을 미치는 '정직'의 덕목을 인지하여 '정직'을 지키지 않았을 때 타인에게 미칠 수 있는 영향들과 타인의 '정직' 실천을 통한 스스로의 변화에 대해 생각한다. 이를 통하여 타인에 대한 정직을 존중하며 서로 간의 관계형성을 향상하여 사회적 성장을 도모한다.
- 전문적 성장: 유아교사로서 갖추어야 할 인성덕목 및 역할, 소양 등을 명료화하여 전문적 성장을 도모한다.

'정직' 인성덕목 이해와 증진을 위한 수업은 4단계에 걸쳐 이루어진다.

- 1단계 – 생각나누기: 인성덕목 중 '정직'의 의미를 소개하고 활동목표를 제시한다. 또한 '정직'에 대해서 자신이 가지고 있는 기본적인 생각에 대해 이야기를 나눈다.
- 2단계 – 생각펼치기: 리터러시 매체에 나타난 상황을 '정직'의 인성덕목요소에 맞추어 해석·전개하고 자신의 생각을 다양한 방법으로 표상한다.
- 3단계 – 내면화하기: '정직'의 가치를 자신의 삶에 투사하여 세계관을 넓히고 잘못된 인성습관을 개선하기 위하여 일상생활에서 '정직'을 내면화하고 실천할 수 있는 힘을 기르는 방법을 모색한다.

- 4단계 – 느낌나누기: '정직'의 가치와 활동하고 난 후의 느낌과 생각의 변화를 정리한다. 일상생활에서 '정직'을 실천할 수 있는 방안을 모색하고 실천해 본다.

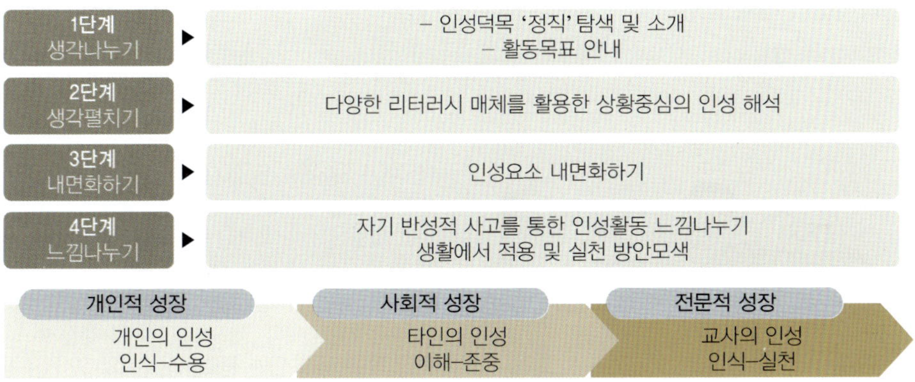

출처: 최대훈(2016)을 기초로 개발

[그림 9–2] '정직' 인성덕목 이해와 증진을 위한 수업단계

3) 리터러시 매체를 활용한 '정직' 인성덕목의 활동내용

인성덕목	리터러시 매체	활동명	활동내용
정직(責任)	신문	정직의 순간	자신이 가장 정직했던 순간을 그림으로 그려본다.
	그림책	양치기 소년	자신이 거짓말을 했던 경험을 노래로 만들어 부르고 반성을 한다.
	신문	숨겨라	거짓말 게임을 해 보고 실제 현실과 비교해 본다.
	영화	정직한 삶	정직을 위한 노력들을 글로 적어본다.

2 리터러시 매체를 활용한 인성교육의 실제

리터러시 매체 유형	인성덕목	매체제목
신문	정직	돈뭉치 찾아준 '택시 기사'

택시에서 잃어버린 돈 2000여 만 원이 하루도 되지 않아 주인을 찾아갔다. 서울에서 모범택시 운전을 하고 있는 김씨는 새벽 1시께 술에 취한 승객 2명을 경기도 성남에 있는 집에다 데려다줬다. 이후 차량을 청소하던 김씨는 뒷좌석 밑바닥에 떨어진 핸드폰 지갑을 발견했다. 핸드백 가방처럼 생긴 핸드폰 지갑이었는데 그 안엔 핸드폰과 수표와 5만원권 등 2000여 만 원 어치가 들어 있었다.

활동명 정직의 순간

활동목표	• 정직한 결정을 한 사람들의 사례를 알아본다. • 자신이 가장 정직했던 순간을 그림으로 그려본다. • 정직한 결정이 사회에 미칠 긍정적 영향을 생각해 본다.

매체감상

- 『돈을 찾아준 '택시 기사'』의 신문기사를 읽고 이야기를 나눈다.
  - 『돈을 찾아준 '택시 기사'』와 비슷한 내용의 신문기사를 더 찾아보고 각 사례들의 공통점을 생각해 보자.
  - 신문기사를 읽고 난 후 느낀 점에 대해 이야기해 보자.

활동방법

- 『돈을 찾아준 '택시 기사'』의 신문기사를 읽고 어떤 점이 기삿거리가 되었는지 생각해 본다.

- 돈이나 물건을 잃어버린 경험 또는 분실물을 습득한 경험을 이야기해 본다.
- 돈을 찾아준 사람들의 입장이나 갈등할 수 있는 요소를 추측하여 이야기해 본다.
- 『돈을 찾아준 '택시 기사'』의 기사와 반대의 상황에 대한 기사도 찾아보고 다른 사람들에게 어떤 영향을 주는지 이야기해 본다.

• 자신이 가장 정직했던 순간을 그림으로 그려본다.
- 자신이 가장 정직했다고 생각하는 순간을 떠올려 본다.
- 그 순간 어떤 갈등이 있었고 왜 정직한 선택을 하게 되었는지 이유를 생각해 본다.
- 자신이 정직했던 순간을 그림으로 그리고 그 순간의 생각들이나 감정들을 적어본다.

• 자신이 그린 그림 내용을 소개한다.
- 그림 속 상황과 당시 자신의 갈등과 생각을 소개한다.
- 이 활동을 통하여 알게 된 점과 느낀 점에 대해 이야기를 나눈다.

실천방안

사회생활 속에서 정직해야 하는 이유와 실천방안에 대해 이야기를 나눈다.

※사회생활 속에서 정직한 결정을 해야 하는 이유와 정직한 결정을 위한 방법들을 적어 보세요.

1.
2.
3.
4.
5.

'정직의 순간' 그리기

리터러시 매체 유형	인성덕목	매체제목
신문	정직	돈뭉치 찾아준 '택시 기사'

♠ 자신이 가장 정직했던 순간의 경험을 그림으로 그리고 당시의 갈등과 생각을 적어 보세요.

*정직한 행동 순간을 그림으로 표현해 보세요.

*정직한 행동을 하기 전 어떤 생각과 갈등을 했는지 글로 표현해 보세요.

리터러시 매체 유형	인성덕목	매체제목
그림책	정직	양치기 소년

양치기 소년은 이솝 우화 중 하나이다. 양을 치는 소년이 심심풀이로 "늑대가 나타났다!"라고 거짓말을 하고 소란을 일으킨다. 그 동네의 어른들은 소년의 거짓말에 속아 무기를 가져오지만, 헛수고로 끝난다. 소년이 계속 반복해서 거짓말을 했기 때문에, 어느 날 정말로 늑대가 나타났을 때 어른들은 그 소년의 말을 믿지 않았고, 아무도 도우러 가지 않았다. 결국 마을의 모든 양이 늑대에 의해 죽는다.

활동명 양치기 소년

활동목표	• 거짓말의 부정적 영향과 결과에 대해 알아본다. • 자신이 거짓말을 했던 경험을 노래로 만들어 부르고 반성한다. • 거짓말로 인한 문제점을 인식한다.

매체감상

- 그림책 『양치기 소년』 읽고 이야기를 나눈다.
  - 그림책 『양치기 소년』에서 양치기 소년은 왜 그런 거짓말을 했고 어떤 결과를 가져왔는지 이야기해 보자.
  - 그림책 『양치기 소년』을 읽고 난 후 느낀 점에 대해 이야기해 보자.

활동방법

- 그림책 『양치기 소년』과 비슷한 상황이나 사회적 문제는 무엇이 있는지 이야기해 보자.
  - 『양치기 소년』과 같은 거짓말을 해 보았거나 본 경험을 이야기해 보자.
  - 『양치기 소년』의 양치기 소년과 사람들의 입장이 되어 생각해 보자.
  - 이러한 거짓말이 많아지면 사람들에게 어떤 영향을 주게 될지 생각해 보자.

- 내가 했던 부끄러운 거짓말에 대한 경험을 MC몽의 '내 생에 가장 행복한 시간'의 가사를 개사하여 노래로 만들어 보자.
  - 내가 했던 부끄러운 거짓말과 그때의 감정을 떠올려 본다.
  - '내 생에 가장 행복한 시간'의 가사를 보고 자신이 했던 거짓말 경험을 바탕으로 노래를 개사해 본다.

- 자신이 만든 노래를 소개한다.
  - 노래의 배경이 되는 상황을 설명하고 노래를 소개한다.
  - 이 활동을 통하여 느낀 점에 대해 이야기를 나눈다.

실천방안

거짓말의 유혹을 이겨낼 수 있는 실천방안에 대해 이야기를 나눈다.

※ 거짓말의 유혹을 이겨낼 수 있는 방법을 5가지를 만들어 보세요.

1.
2.
3.
4.
5.

'양치기 소년' 노래 만들기

리터러시 매체 유형	인성덕목	매체제목
그림책	정직	양치기 소년

♠ 자신이 했던 가장 부끄러운 거짓말 경험을 '내 생에 가장 행복한 시간'의 노래를 개사하여 노래를 만들고 제목을 지어보세요.

♬노래제목:

그땐 그랬어 막 잘 나갈 때라서
돈에 환장해 독이 찰 때라서
없던 놈이 뭐가 생기니까
끝없는 욕심은 더 땡기니까

여자는 더 꼬여 사람이 우습게 보여
자신을 괴물로 만드니까
내가 내가 내 무덤을 파고 파니깐
내 사람들 하나 둘 떠나니까

억짜리 시계 팬트 하우스 스윗
노래 부르는 기계 몇 십 억의 수입
생각 없는 기부 믿음 없던 기도
밤이면 밤마다 덮치는 파도

이상해 그때가 안 그리워
그대가 있음에 하나도 안 두려워
아둥바둥 싸우고 사는 사람같이
이제야 내 모습이 안 더러워

사랑이 없는 인적 없는
홀로 버려진 외딴 섬
바람에 부딪혀 그대 이름마저 지운 난
사랑한단 말에 울컥 다 쏟는다
내 생애 가장 행복한 시간 너와 나는

리터러시 매체 유형	인성덕목	매체제목
신문	정직	로또가 뭐기에

20대 예비부부가 어느 날 로또복권을 구입했는데 이 복권이 당첨됐느냐, 안 됐느냐를 놓고 남녀 양측에서 법정 소송까지 가게 되었다. 조씨는 구입할 로또복권의 번호를 공책에 적어놓고 최씨에게 "이 번호로 복권을 사두라"며 5만 원을 줬다. 이후 1등 당첨 소식을 들은 조씨는 "이 복권을 샀느냐"고 물었지만 최씨는 뜻밖에도 "사지 않았다"고 했다. 의심 끝에 최씨를 추궁한 조씨는 결국 최씨에게서 "사실은 복권을 구입했다"는 말을 들었다.

활동명 숨겨라

활동목표	
	• 거짓말로 인한 부정적인 사회현상을 알아본다. • 거짓말 게임을 해 보고 실제 현실과 비교해 본다. • 거짓말이 가져오는 사회현상의 문제점을 인식한다.

매체감상

- 『로또가 뭐기에』 신문기사를 읽고 이야기를 나눈다.
  - 『로또가 뭐기에』 신문기사와 유사한 뉴스를 더 찾아보고 무엇 때문에 이런 일이 생겼는지 이야기해 보자.
  - 『로또가 뭐기에』 신문기사를 읽고 난 후 느낀 점에 대해 이야기해 보자.

활동방법

- 『로또가 뭐기에』와 유사한 사례의 뉴스들에서 거짓말을 한 사람들의 공통된 문제점들을 찾아본다.
  - 왜 사람들은 거짓말을 하였고 어떤 갈등이 있었을지 이야기해 본다.
  - 거짓말로 인한 결과들은 무엇이었는지 이야기해 본다.
  - 자신이 이런 상황이었다면 어떤 생각이 들지 이야기해 본다.

- '거짓말 게임'을 해 보고, 실제 이런 일이 생긴다면 어떤 기분일지 토의해 본다.
  - 신문기사와 같은 상황을 주고 누가 로또를 가졌는지 찾는 '거짓말 게임'을 해 본다(로또를 가진 사람은 계속 거짓말을 하여 지목당하는 것을 피한다).
  - 게임을 끝낸 후 게임이 아닌 누군가 피해를 보거나 사회적 책임을 져야 하는 실제 상황이라면 어떤 기분일지 이야기해 본다.

- 활동 후 자신의 생각을 소개한다.
  - 게임 후 자신의 느낌을 이야기해 본다.
  - 이 활동을 통하여 느낀 점에 대해 이야기를 나눈다.

실천방안

정직과 거짓말에 대해 교훈을 주는 명언을 찾아보거나 만들어 본다.

※정직과 거짓말에 대해 교훈을 주는 명언을 적어 보세요.

1.

2.

3.

4.

5.

'숨겨라' 게임 후 소감

리터러시 매체 유형	인성덕목	매체제목
신문	정직	로또가 뭐기에

♠ '거짓말 게임' 후 게임이 아닌 누군가 피해를 보거나 사회적 책임을 져야 하는 실제 상황이라면 어떤 문제가 생길지 글이나 그림으로 자신의 생각을 표현해 보세요.

리터러시 매체 유형	인성덕목	매체제목
영화	정직	캐치 미 이프 유 캔

파일럿을 가장해 모든 비행기에 무임승차는 기본, 50개 주 은행을 순회하며 무려 140만 달러를 횡령한 희대의 사기꾼이 나타난 것이다. 하지만 꼬리가 길면 밟히는 법. 21년 경력의 FBI 최고의 요원 칼 핸러티가 프랭크의 뒤를 쫓고, 오랜 추적 끝에 드디어 혈혈단신 프랭크의 호텔방을 덮친 칼. 하지만 칼과 마주친 프랭크는 정부 비밀요원으로 둔갑, 증거물을 챙긴다며 위조수표를 챙겨 들고 여유롭게 빠져나온다.

활동명 정직한 삶

활동목표	• 정직한 삶을 살아야 할 사회적 책임에 대해 알아본다. • 정직을 위한 노력들을 글로 적어 본다. • 개인의 정직이 사회의 도덕성에 영향을 미침을 인식한다.

매체감상

- 영화 『캐치 미 이프 유 캔』의 한 장면을 감상하고 이야기를 나눈다.
  - 영화 『캐치 미 이프 유 캔』에서 주인공은 어떻게 사기와 거짓말의 범죄를 시작하게 되었을지 생각해 보자.
  - 영화 『캐치미 이프 유 캔』를 보고 난 후 느낀 점에 대해 이야기해 보자.

활동방법

- 영화 『캐치 미 이프 유 캔』의 주인공의 거짓말은 자신과 사회에 어떤 영향을 주었는지 생각해 본다.
  - 영화 『캐치 미 이프 유 캔』의 프랭크는 거짓말로 무엇을 잃게 되었는지 이야기해 본다.
  - 프랭크가 왜 거짓말로 무엇을 얻고자 했는지 생각해 본다.

–프랭크의 거짓말로 피해를 본 사람들은 어떤 기분일지 생각하여 이야기해 본다.

- 생활 속 작은 거짓말에 대한 사회적 책임을 알아본다.
  –업무나 일상생활 속에서 문제의식 없이 발생하는 사회적 거짓말의 사례를 찾아본다(청소년 정직지수 조사, 부패인식 지수 등 참조).
  –작은 거짓말로 인해 발생할 수 있는 피해에 대해 토론해 본다.

- 정직한 생활을 위한 노력들을 글로 적어 본다.

- 일상생활에서의 정직을 위한 노력들을 소개한다.
  –정직을 위한 자신의 노력과 생각을 소개한다.
  –이 활동을 통하여 알게 된 점과 느낀 점에 대해 이야기를 나눈다.

실천방안

생활에서 잘 지켜지지 않는 정직의 사례들을 생각해 보고 정직을 실천하기 위한 실천방안에 대해 이야기를 나눈다.

※생활 속에서 정직을 위해 지켜야 할 약속 5가지를 만들어 보세요.

1.

2.

3.

4.

5.

'정직한 삶'을 위한 노력 소개하기

리터러시 매체 유형	인성덕목	매체제목
영화	정직	캐치 미 이프 유 캔

♠ 일상생활에서 정직한 삶을 위해서 하고 있는(할 수 있는) 노력들을 적어 보세요.

정직을 위한 노력........

HAPTER 10

책임(責任)을 통한 영유아교사 인성교육

1 ‘책임’ 덕목의 이해와 증진을 위한 인성교육

1) ‘책임’ 덕목의 인성교육 모형

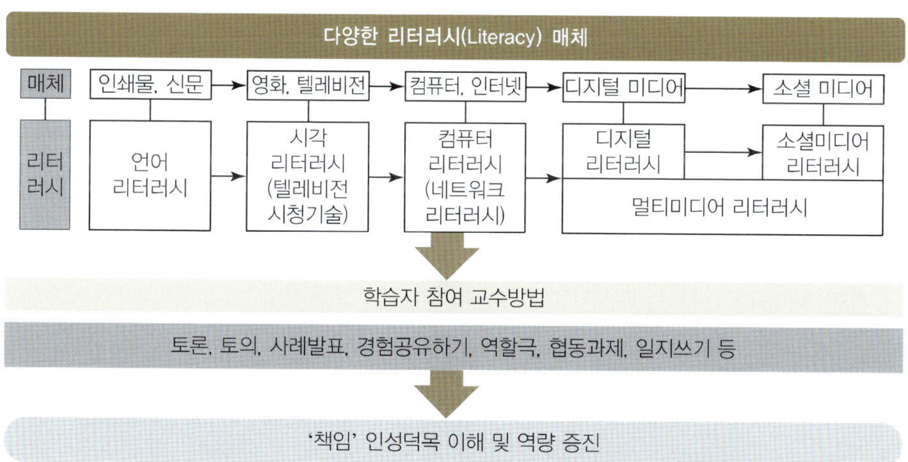

[그림 10-1] ‘책임’ 인성덕목 이해와 증진을 위한 모형

‘책임’ 덕목의 인성교육 모형은 언어 리터러시, 시각(영상) 리터러시, 정보 리터러시, 네트워크 리터러시, 멀티미디어 리터러시의 다양한 리터러시 매체를 활

용한 '책임' 인성교육 요소를 적용하였다. 토의 및 토론, 사례발표, 협동과제 등 학습자 참여교수방법을 활용하여 자신이 이전에 알고 있었던 '책임'의 경험과 프로그램을 통한 '책임'에 대한 생각의 변화와 느낀 점을 깨닫게 됨으로써 인성덕목에 대한 바른 이해와 반성적 사고를 통하여 스스로를 변화시킬 수 있는 학습자중심의 실천적 활동으로 진행한다.

2) '책임' 인성덕목 이해와 증진을 위한 수업단계

- 개인적 성장: 인성덕목 중 스스로 '책임'을 얼마큼 이해하고 실천하고 있는지 인식하고 수용하여 개인의 인성성장을 도모한다.
- 사회적 성장: 인성증진 활동을 통하여 자신을 개방하고 타인을 인정하며 사회적 관계에 영향을 미치는 '책임' 의 덕목을 인지하여 '책임'을 지키지 않았을 때 타인에게 미칠 수 있는 영향들과 타인의 '책임' 실천을 통한 스스로의 변화에 대해 생각한다. 이를 통하여 책임을 다하는 타인을 존중하며 서로 간의 관계형성을 향상하여 사회적 성장을 도모한다.
- 전문적 성장: 유아교사로서 갖추어야 할 인성덕목 및 역할, 소양 등을 명료화하여 전문적 성장을 도모한다.

'책임' 인성덕목 이해와 증진을 위한 수업은 4단계를 거쳐 이루어진다.

- 1단계 – 생각나누기: 인성덕목 중 '책임'의 의미를 소개하고 활동목표를 제시한다. 또한 '책임'에 대해서 자신이 가지고 있는 기본적인 생각에 대해 이야기를 나눈다.
- 2단계 – 생각펼치기: 리터러시 매체에 나타난 상황을 '책임'의 인성덕목요소에 맞추어 해석·전개하고 자신의 생각을 다양한 방법으로 표상한다.
- 3단계 – 내면화하기: '책임'의 가치를 자신의 삶에 투사하여 세계관을 넓히고 잘못된 인성습관을 개선하기 위하여 일상생활에서 '책임'를 내면화하고 실천할 수 있는 힘을 기르는 방법을 모색한다.

• 4단계 – 느낌나누기: '책임'의 가치와 활동하고 난 후의 느낌과 생각의 변화를 정리한다. 일상생활에서 '책임'을 실천할 수 있는 방안을 모색하고 실천해 본다.

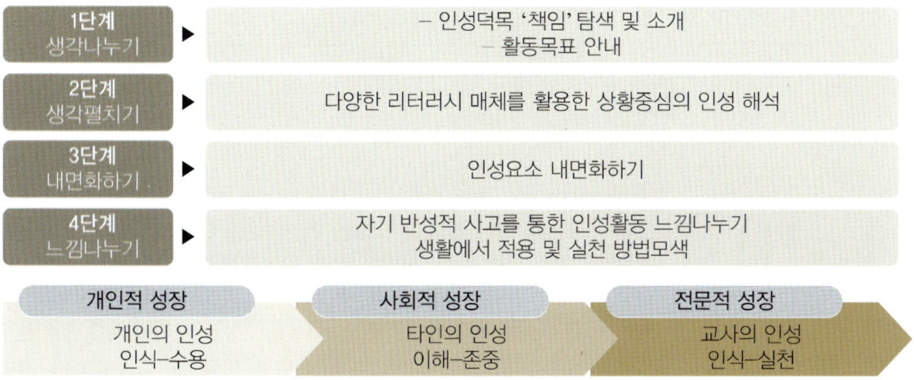

출처: 최대훈(2016)을 기초로 개발

[그림 10–2] '책임' 인성덕목 이해와 증진을 위한 수업단계

3) 리터러시 매체를 활용한 '책임' 인성덕목의 활동내용

인성덕목	리터러시 매체	활동명	활동내용
책임(責任)	뉴스	우리의 책임	투표 참여에 관심을 가지고 투표 홍보 UCC를 만들어 본다.
	교양도서	나의 책임	책임과 관련된 명언을 이용하여 한 해를 축하하는 연하장을 만든다.
	영화	책임 있는 교사	책임 있는 교사에 대한 자신의 생각을 에세이로 적어 본다.
	TV 예능방송	나에게 보내는 편지	미래의 시간에서 현재의 나의 삶을 돌이켜 보며 편지를 쓴다.

2 리터러시 매체를 활용한 인성교육의 실제

리터러시 매체 유형	인성덕목	매체제목
뉴스	책임	저조한 투표율은 청년 탓인가

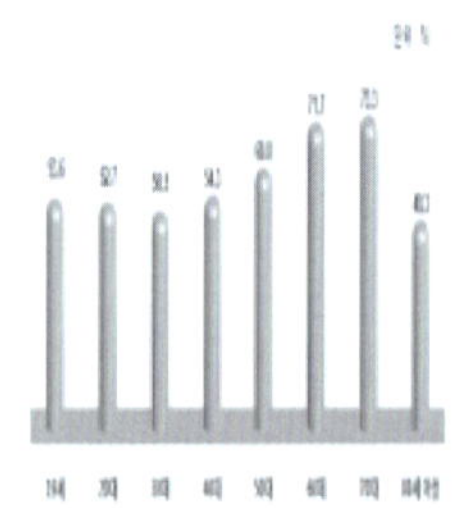

선거철마다 TV에서부터 SNS까지 선거 이야기로 떠들썩하다. 그 중 투표율을 말할 때 빠지지 않는 것 하나가 있다. '청년 투표율'이다. 지난 총선에서 20대 투표율은 최저 수준이었고, 60대 이상과 20대의 투표율 차이 또한 30%에 이르렀기 때문이다. 언론들은 이러한 저조한 청년 투표율을 무책임한 태도라며 문제 삼았다. 과연 저조한 투표율은 청년들만의 탓일까. 역대 총선 투표율 추이로 살펴본 청년세대는 정치에 관심이 적은 편이다.

활동명 우리의 책임

활동목표	• 사회적 책임을 가져야 하는 활동을 알 수 있다. • 투표 참여에 관심을 가지고 투표 홍보 UCC를 만들어 본다. • 사회적 책임이 있는 활동에 적극 참여하려는 자세를 가진다.

매체감상

• 『저조한 투표율은 청년 탓인가?』라는 뉴스를 보고 이야기를 나눈다.
  – 『저조한 투표율은 청년 탓인가?』 뉴스에서 지적하는 문제점이 무엇인지 생각해 보고 이야기를 나눠보자.
  – 『저조한 투표율은 청년 탓인가?』 뉴스를 보고 난 후 느낀 점에 대해 이야기해 보자.

활동방법

• 『저조한 투표율은 청년 탓인가?』와 비슷한 뉴스를 찾아보고 자신의 생각을 이야기해 본다.

- 투표율이 저조한 이유에 대해 자신의 생각을 이야기해 본다.
- 투표율이 저조한 것이 문제가 되는 이유에 대해 생각해 보고 이야기해 본다.
- 투표율의 중요성과 투표율을 높이기 위한 방법에 대하여 토의해 본다.

• 투표율을 높일 수 있는 방법을 생각해 보고 UCC를 제작해 본다.
- 투표율을 높일 수 있는 방법을 이야기해 본다.
- 투표율을 높일 수 있는 방법을 여러 장(5~10장)의 그림이나 문장으로 표현해 본다.
- 그림이나 문장으로 표현한 종이를 휴대폰 카메라로 찍어 동영상 제작앱을 이용하여 동영상(15~30초)으로 만든다.

• 자신이 만든 UCC를 소개한다.
- UCC의 내용을 설명하고 영상을 감상한다.
- 이 활동을 통하여 알게 된 점과 느낀 점에 대해 이야기를 나눈다.

실천방안

투표와 같이 사회적 책임을 가져야 하는 행동들을 생각해 보고 실천방안에 대해 이야기를 나눈다.

※사회적 책임을 가져야 하는 행동들을 알아보고 실천방안을 이야기해 보세요.

1.

2.

3.

4.

5.

‘투표율 홍보’ UCC 만들기

리터러시 매체 유형	인성덕목	매체제목
뉴스	책임	저조한 투표율

♠ 투표율을 높이기 위한 방법들을 5~10장 정도의 그림 또는 문장으로 표현한 후 휴대폰 카메라와 앱을 이용하여 동영상을 만들어 보세요.

장면 1	장면 2
내용	내용
장면 3	장면 4
내용	내용
장면 5	장면 6
내용	내용

스토리보드를 작성한 후 조원들과 동영상을 제작

리터러시 매체 유형	인성덕목	매체제목
교양도서	책임	책임, 시민으로서 할 일

책임이란 인간의 어떤 행위가 그 행위의 주체로 돌아가는 것으로 무엇을 해야만 하거나 특정한 방식으로 행동해야 하는 임무나 의무를 말한다. 누구든 책임을 다한 사람은 그에 상응하는 대가를 받는다.

-본문 중에서

자기 책임을 방기하려 하지 않으며, 또한 그것을 타인에게 전가시키려 하지도 않는 것은 고귀한 일이다.

-니체

활동명 나의 책임

활동목표

- 책임의 정의와 의미에 대해 알아본다.
- 책임과 관련된 명언을 이용하여 한 해를 축하하는 연하장을 만든다.
- 책임을 다하는 것의 중요성을 인식한다.

매체감상

- 시민교육센터의 교재 『책임』을 읽고 나서 이야기를 나눈다.
  - 『책임』에서 볼 수 있는 내용과 사례에서 정의하는 책임은 어떻게 설명되어 있는지 이야기해 보자.
  - 『책임』을 읽고 난 후 느낀 점에 대해 이야기해 보자.

활동방법

- 시민교육센터의 교재 『책임』에서 다루는 책임에 대해 이야기를 나눈다.
  - 자신이 생각하는 책임의 정의를 이야기해 본다.
  - 책임을 다했을 때와 다하지 못했을 때에 오는 결과는 무엇이 있을지 생각해 본다.
  - 책임의 중요성에 대하여 토의한다.

－자신에게 주어진 책임들은 무엇이 있는지 이야기해 본다.
－자신에게 주어진 책임을 어떻게 수행하였는지 책임일기를 적거나 이야기해 본다.

- 책임과 관련된 명언을 찾아보고 한 해의 일들을 책임지고 축하하는 의미의 연하장을 만들어 본다.
  －책임에 대한 명언을 찾아본다.
  －연하장의 모양을 구성하고, 찾아본 명언들을 이용하여 한 해를 축하하는 연하장을 만들어 본다.

- 자신이 만든 연하장을 소개한다.
  －연하장과 연하장에 사용한 명언을 소개한다.
  －이 활동을 통하여 알게 된 점과 느낀 점에 대해 이야기를 나눈다.

실천방안

자신이 책임져야 하는 일들을 찾아보고 그 책임을 다하기 위한 실천방안에 대해 이야기를 나눈다.

※자신의 책임을 다하기 위한 실천방안을 생각해 보세요.

1.
2.
3.
4.
5.

'책임' 연하장 만들기

리터러시 매체 유형	인성덕목	매체제목
교양도서	책임	책임, 시민으로서 할 일

♠ 책임과 관련된 명언을 이용하여 한 해를 축하하는 연하장을 만들어 보세요.

근하신년

리터러시 매체 유형	인성덕목	매체제목
영화	책임	블랙

보지도 듣지도 못하는 8살 소녀 '미셸'. 아무런 규칙도 질서도 모르던 '미셸'에게 모든 것을 포기한 그녀의 부모님은 마지막 선택으로 장애아를 치료하는 '사하이' 선생님을 부르고 그에게 그녀를 맡기게 된다. 그녀가 집에서 종까지 단 채 동물처럼 취급 당하는 것을 본 '사하이' 선생님은 '미셸'의 눈과 귀가 되어주기로 결심하고, 아무 것도 받아들이려 하지 않는 그녀에게 말과 소리 그리고 단어 하나 하나를 수화로 가르치기 시작한다.

활동명 책임 있는 교사

활동목표

- 책임 있는 교사의 역할에 대해 알아본다.
- 책임 있는 교사에 대한 자신의 생각을 에세이로 적어 본다.
- 성인과 교사로서의 책임감을 가진다.

매체감상

- 영화 『블랙』의 한 장면을 감상하고 이야기를 나눈다.
  - 영화 『블랙』에서 미셸은 어떤 아이였는지, 사하이 선생님은 미셸에게 어떻게 하였는지 이야기해 보자.
  - 영화 『블랙』을 보고 난 후 느낀 점에 대해 이야기해 보자.

활동방법

- 영화 『블랙』에서 사하이 선생님의 모습을 보고 사하이 선생님이 보여준 교사로서의 책임에 대해 이야기를 나눈다.
  - 영화 『블랙』의 사하이 선생님은 미셸을 어떤 마음으로 보고 교육을 하였을지 이야기해 본다.
  - 미셸에게 사하이 선생님은 어떤 존재였을지 이야기해 본다.

–사하이 선생님이 미셸을 떠날 때 어떤 마음이었을지 생각해 보고 이야기를 나눈다.

- 영화 『블랙』을 보고 난 후 자신이 생각한 '책임 있는 교사'를 주제로 에세이를 적어 본다.
  –사하이 선생님이 생각한 교사로서의 책임은 무엇이었을지 이야기해 본다.
  –자신이 생각하는 '책임 있는 교사'에 대한 에세이를 적어 본다.

- 자신이 적은 에세이를 소개한다.
  –자신의 적은 에세이를 요약하여 소개한다.
  –이 활동을 통하여 느낀 점에 대해 이야기를 나눈다.

실천방안

책임 있는 교사가 되기 위한 방법에 대해 이야기를 나눈다.

※책임 있는 교사가 되기 위한 방법을 이야기해 보세요.

1.

2.

3.

4.

5.

'책임 있는 교사' 에세이 적기

리터러시 매체 유형	인성덕목	매체제목
영화	책임	블랙

♠ 자신이 생각하는 '책임 있는 교사'를 주제로 에세이를 적어 보세요.

책임 있는 교사

리터러시 매체 유형	인성덕목	매체제목
예능방송	책임	미래일기

'미래일기'는 출연자가 자신이 원하는 미래로 가서 특별한 하루를 보내는 시간 여행 버라이어티 프로그램이다. 알 수 없는 미래를 살아봄으로써 현재의 소중함을 깨닫고 후회의 순간을 방지할 수 있는 프로젝트. 연예인들이 늙은 모습으로 분장을 하고 하루동안 미래의 삶을 체험해 본다는 것을 컨셉으로 삼고 있다. 늙은 분장을 통해서 미래를 간접체험시켜줌으로써 시간이나 가족에 대한 소중함을 깨닫게 해 준다.

활동명 나에게 보내는 편지

활동목표	
	• 현재에 충실히 수행해야 할 나의 책임들을 알아본다. • 미래의 시간에서 현재의 나의 삶을 돌이켜 보며 편지를 쓴다. • 미래의 나를 상상하며 현재의 시간에 충실하려는 자세를 가진다.

매체감상

• 『미래일기』 방송의 한 장면을 감상하고 이야기를 나눈다.

- 『미래일기』에서 출연자들은 분장 후 행동에 어떤 변화가 있었고 어떤 삶을 그리고 있었는지 이야기해 보자.
- 『미래일기』를 보고 난 후 느낀 점에 대해 이야기해 보자.

활동방법

• 『미래일기』 방송처럼 내가 지금 노년의 삶을 살고 있다면 어떻게 될지 상상해 보고 이야기를 나눈다.

- 어린 시절을 더듬어 기억을 해 보며 그 시절의 나에게 하고 싶은 이야기들을 생각해 본다.
- 내가 몇 십 년이 지난 후의 시간이 나라면 무엇을 하고 있을지 생각해 본다.

–미래의 시간에서 지금의 시간을 돌아본다면 나의 삶에 대해서 어떻게 생각하고 있을지 이야기해 본다.

- 미래의 시간 속에 있는 나를 상상하며 현재의 나에게 편지를 써 본다.
  –미래의 나는 스스로의 삶을 어떻게 생각하고 있을지 상상해 본다.
  –미래의 시간에서 현재를 돌아보며 나에게 편지를 써 본다.

- 자신이 적은 편지를 소개한다.
  –자신의 미래의 모습과 편지를 소개한다.
  –이 활동을 통하여 느낀 점에 대해 이야기를 나눈다.

실천방안

미래의 시간에 후회가 되지 않으려면 지금의 내가 충실히 수행해야 할 책임에는 무엇이 있는지 생각해 보고 이야기를 나눈다.

※지금 이 순간에 충실히 수행해야 할 나의 책임들을 이야기해 보세요.

1.

2.

3.

4.

5.

'미래에서 보낸 편지' 쓰기

리터러시 매체 유형	인성덕목	매체제목
TV 예능방송	책임	미래일기

♠ 몇 십 년이 지난 후의 시간에서 지금의 자신을 삶을 돌아보며 '나에게 쓰는 편지'를 써 보세요.

CHAPTER 11

존중(尊重)을 통한 영유아교사 인성교육

1 '존중' 덕목의 이해와 증진을 위한 인성교육

1) '존중' 덕목의 인성교육 모형

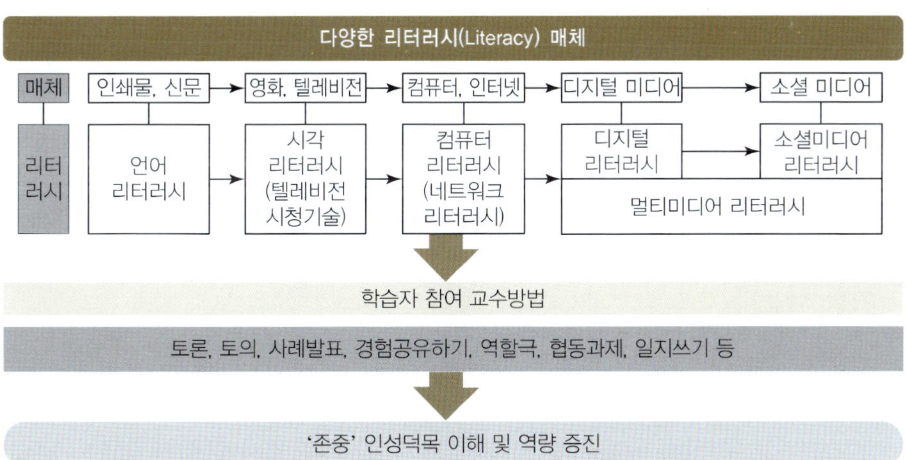

[그림 11-1] '존중' 인성덕목 이해와 증진을 위한 모형

'존중' 덕목의 인성교육 모형은 언어 리터러시, 시각(영상) 리터러시, 정보 리터러시, 네트워크 리터러시, 멀티미디어 리터러시의 다양한 리터러시 매체를 활

용한 '존중' 인성교육 요소를 적용하였다. 토의 및 토론, 사례발표, 협동과제 등 학습자 참여교수방법을 활용하여 자신이 이전에 알고 있었던 '존중'의 경험과 프로그램을 통한 '존중'에 대한 생각의 변화와 느낀 점을 깨닫게 됨으로써 인성덕목에 대한 바른 이해와 반성적 사고를 통하여 스스로를 변화시킬 수 있는 학습자중심의 실천적 활동으로 진행한다.

2) '존중' 인성덕목 이해와 증진을 위한 수업단계

- 개인적 성장: 인성덕목 중 스스로 '존중'을 얼마큼 이해하고 실천하고 있는지 인식하고 수용하여 개인의 인성성장을 도모한다.
- 사회적 성장: 인성증진 활동을 통하여 자신을 개방하고 타인을 인정하며 사회적 관계에 영향을 미치는 '존중'의 덕목을 인지하여 '존중'을 지키지 않았을 때 타인에게 미칠 수 있는 영향들과 타인의 '존중' 실천을 통한 스스로의 변화에 대해 생각한다. 이를 통하여 타인을 존중하며 서로 간의 관계형성을 향상하여 사회적 성장을 도모한다.
- 전문적 성장: 유아교사로서 갖추어야 할 인성덕목 및 역할, 소양 등을 명료화하여 전문적 성장을 도모한다.

'존중' 인성덕목 이해와 증진을 위한 수업은 4단계에 걸쳐 이루어진다.

- 1단계 – 생각나누기: 인성덕목 중 '존중'의 의미를 소개하고 활동목표를 제시한다. 또한 '존중'에 대해서 자신이 가지고 있는 기본적인 생각에 대해 이야기를 나눈다.
- 2단계 – 생각펼치기: 리터러시 매체에 나타난 상황을 '존중'의 인성덕목요소에 맞추어 해석·전개하고, 자신의 생각을 다양한 방법으로 표상한다.
- 3단계 – 내면화하기: '존중'의 가치를 자신의 삶에 투사하여 세계관을 넓히고 잘못된 인성습관을 개선하기 위하여 일상생활에서 '존중'을 내면화하고 실천할 수 있는 힘을 기르는 방법을 모색한다.

- 4단계 – 느낌나누기: '존중'의 가치와 활동하고 난 후의 느낌과 생각의 변화를 정리한다. 일상생활에서 '존중'을 실천할 수 있는 방안을 모색하고 실천해 본다.

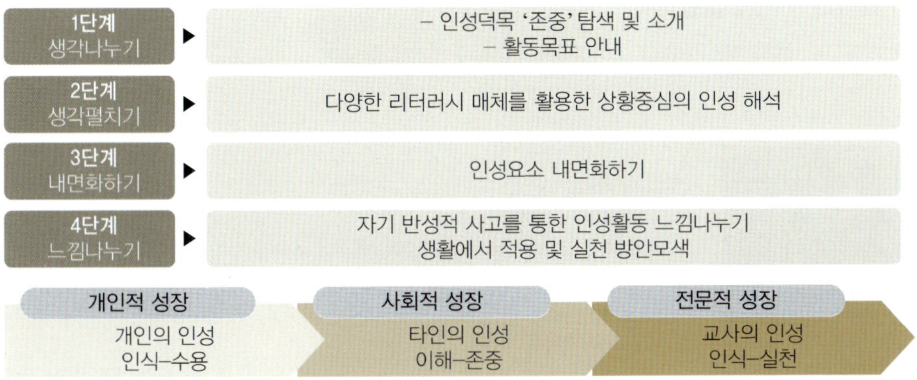

출처: 최대훈(2016)을 기초로 개발

[그림 11–2] '존중' 인성덕목 이해와 증진을 위한 수업단계

3) 리터러시 매체를 활용한 '존중' 인성덕목의 활동내용

인성 덕목	리터러시 매체	활동명	활동내용
존중(尊重)	광고	모든 사람은	인권에 대한 토론을 하고 인권존중 캠페인 판넬을 만든다.
	영화	바꾸어 봐요	영화 속 존중이 없는 대화를 존중의 대화로 수정해 본다.
	뉴스	너의 인생 나의 인생	상대방을 이해하는 방법으로 인생계획서를 작성해 본다.
	그림책	나는 특별하단다	나의 자존감을 높일 수 있는 상장을 만들어 본다.

2 리터러시 매체를 활용한 인성교육의 실제

리터러시 매체 유형	인성덕목	매체제목
광고	존중	모든 사람은

<모든 사람은>

모든 사람은 인종, 피부색, 성, 언어, 종교,
정치적 또는 그밖의 견해, 민족적 또는 사회적 출신,
재산, 출생, 기타의 지위 등에 따른 어떠한 종류의 구별도 없이
모든 권리와 자유를 누릴 자격이 있다.

-국가인권위원회 광고

활동명 모든 사람은

활동목표	• 인권존중의 개념과 필요성에 대해 알아본다. • 인권에 대해 토론하고 인권존중 캠페인 판넬을 만든다. • 인권존중에 대한 보편적 가치를 실천하려는 마음을 갖는다.

매체감상

- 광고 『모든 사람은』을 보고 이야기를 나눈다.
  - 광고 『모든 사람은』에는 어떤 사람들이 나오고 있는지, 어떤 내용이 있었는지 이야기해 보자.
  - 광고 『모든 사람은』을 보고 난 후 느낀 점에 대해 이야기해 보자.

활동방법

- 광고 『모든 사람은』의 광고 주제와 같은 사회적 이슈는 무엇이 있었는지 알아본다.

–광고 『모든 사람은』이 전달하고자 하는 내용은 무엇인지 생각해 보고 이야기해 본다.
–광고가 제작된 배경을 생각해 보고 관련된 사회적 이슈를 찾아본다.
–인권과 관련한 사회적 이슈에 대하여 토의해 보고 공통된 의견을 찾아본다.

- 인권의 중요성을 홍보하는 캠페인 판넬을 제작해 본다.
  –캠페인을 통해 전달하고 싶은 메시지를 이야기해 본다.
  –광고 『모든 사람은』의 화면구성처럼 판을 구성하고 가운데에 자신의 얼굴(사진 또는 그림)을 넣어본다.
  –판넬에 추가하고 싶은 요소가 있다면 내용을 추가하고 구성된 판넬 위에 전달하고 싶은 메시지를 적어 넣는다.

- 자신이 만든 캠페인 판넬을 소개한다.
  –자신의 캠페인 판넬 내용을 소개한다.
  –이 활동을 통하여 알게 된 점과 느낀 점에 대해 이야기를 나눈다.

실천방안

인권존중을 실천하기 위해서 스스로 어떠한 노력을 기울여야 하는지 실천방안에 대해 이야기를 나눈다.

※ 인권존중을 위해 스스로 지켜야 할 약속 5가지를 만들어 보세요.

1.

2.

3.

4.

5.

'인권존중' 캠페인 판넬 만들기

리터러시 매체 유형	인성덕목	매체제목
인권존중	존중	모든 사람은

♠ 광고 『모든 사람은』의 내용을 참고하여 자신의 얼굴이 들어간 캠페인 판넬을 제작해 보세요. 흰색 칸은 자신의 얼굴이 나오도록 오려두고 여러 인종의 얼굴들을 콜라주하여 붙여보세요.

리터러시 매체 유형	인성덕목	매체제목
영화	존중	내니 다이어리

뉴욕 상류사회를 풍자한 소설 '내니 다이어리'는 뉴저지 출신의 시골 여대생 '애니'가 뉴욕 최고의 상류층(사랑만 빼고 모든 것이 풍족한 정통 뉴요커 X가족)의 자녀를 봐주는 내니 일을 시작하게 되면서 겪는 에피소드를 담은 영화이다. 첫날 아침부터 시작된 미세스 X의 지시. 애니는 내니 생활을 하는 건지, 집사 생활을 하는 건지 도무지 알 수 없는 현실에 본격적으로 미세스 X 와의 신경전을 벌이게 된다.

활동명 바꾸어 봐요

활동목표	
	• 다른 사람과의 관계에서 서로 존중하는 표현의 방법을 알 수 있다. • 영화 속 존중이 없는 대화를 존중의 대화로 수정해 본다. • 다양한 사람과의 관계에서 상대방을 존중하는 자세를 가진다.

매체감상

- 영화 『내니 다이어리』의 한 장면을 감상하고 이야기를 나눈다.
  - 영화 『내니 다이어리』에서 애니와 대화하고 일을 시키는 X가족의 태도와 방법에 대해 이야기해 보자.
  - 영화 『내니 다이어리』를 보고 난 후 느낀 점에 대해 이야기해 보자.

활동방법

- 영화 『내니 다이어리』를 통해 알 수 있는 존중의 가치에 대해 이야기를 나눈다.
  - 영화 『내니 다이어리』에서 미세스 X에게 필요한 존중의 자세에 대해 이야기해 본다.
  - 영화에서 애니가 미세스 X에게 바라는 존중의 태도는 무엇일지 이야기해 본다.
  - 영화 『내니 다이어리』를 감상하며 생각하게 된 존중의 중요성에 대하여 토의한다.

- 영화 『내니 다이어리』에서 존중의 대화가 필요한 장면의 대화를 수정하고 대화해 본다.
  - 갑과 을의 역할이 있는 임의의 상황을 가정하여 미세스 X와 애니가 되어 서로 대화해 본다.
  - 영화 중 한 장면을 정하고 미세스 X의 대화를 존중의 말로 바꾸어 본다.
  - 애니의 입장이 되어 미세스 X에게 하고 싶은 말을 적어 보고 역할극을 해 본다.

- 새롭게 수정한 대본을 소개한다.
  - 새롭게 수정한 존중의 말을 하는 미세스 X의 대사를 소개한다.
  - 이 활동을 통하여 알게 된 점과 느낀 점에 대해 이야기를 나눈다.

실천방안

생활에서 상대방을 존중하지 않는 말을 하거나 들은 경험을 이야기하고 존중의 태도를 위한 실천방안에 대해 이야기를 나눈다.

※상대방을 존중하지 않는 상황을 찾아보고 어떤 존중의 자세가 필요한지 이야기해 보세요.

1.
2.
3.
4.
5.

'내니 다이어리' 대화 만들기

리터러시 매체 유형	인성덕목	매체제목
영화	존중	내니 다이어리

♠ 영화 『내니 다이어리』에서 한 장면을 선택하여 존중의 대화로 만들어 적어 보세요.

존중을 하지 않는 영화장면 그리기

존중의 대사로 변경

리터러시 매체 유형	인성덕목	매체제목
뉴스	존중	나는 못때리는데

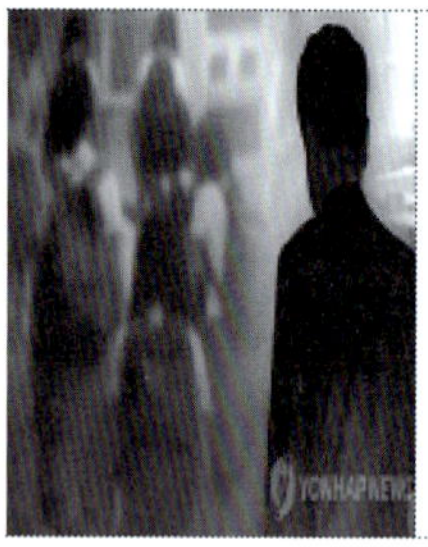

교사들이 학생 폭력의 대상이 되고 있다. 더이상 버티지 못하고 교단을 떠나는 선생님들이 적지 않다. 교사가 학생에게 폭력을 행사하는 경우 버티기 힘들다. 무엇보다 학부모가 가만두지 않기 때문이다. 그러나 학생이 교사를 때리는 일이 발생하면 학교측과 피해 선생님은 쉬쉬하는 경우가 많다. 교권 침해의 주인공은 대부분 제자들이다. 청소년기를 겪는 학생들이 많이 거칠어져 지도하기 힘들다는 게 교직사회의 공통된 하소연이다.

활동명 너의 인생 나의 인생

활동목표
- 상대방의 입장을 이해하는 방법을 알 수 있다.
- 상대방을 이해하는 방법으로 인생계획서를 작성해 본다.
- 상대방의 입장을 이해하려는 태도를 가진다.

매체감상

- 『나는 못때리는데』 뉴스를 보고 이야기를 나눈다.
  - 『나는 못때리는데』 뉴스에서 학생들은 교사에게 어떤 행동을 하였는지 이야기해 보자.
  - 『나는 못때리는데』 뉴스의 상황에서 교사들은 어떤 생각을 가지고 있는지 알아보고 이야기해 보자.
  - 뉴스를 보고 난 후 느낀 점에 대해 이야기해 보자.

활동방법

- 『나는 못때리는데』 뉴스의 주제와 비슷한 사례들에 대해 알아보고 이야기를 나눈다.
  - 교사 폭행 뉴스에서 학생들이 교사를 폭행하는 행동을 하게 된 근본적인

원인을 생각해 본다.
- 폭행을 당한 교사들은 어떤 생각을 하였을지 추측해 보고 이야기해 본다.
- 폭행 사건 예방을 위한 대처방법에 대하여 토의한다.

- 교사가 되기까지 인생계획서를 적어 보며 우리의 선생님들이 가진 마음에 대해 이야기를 나눈다.
  - 교사가 되기까지 어떤 과정을 거쳐야 하며 어떤 일들이 있을지 생각해 본다.
  - 교사가 되기까지, 그리고 교사가 되어서 미래에 일어날 일들을 인생계획서에 기록해 본다.

- 자신이 작성한 인생계획서를 소개한다.
  - 인생계획서 중 중요한 일들을 소개한다.
  - 이 활동을 통하여 느낀 점에 대해 이야기를 나눈다.

실천방안

상대방의 입장을 이해하기 위한 방법을 찾아보고 실천방안에 대해 이야기를 나눈다.

※상대방의 입장을 이해하기 위한 방법들을 이야기해 보세요.

1.

2.

3.

4.

5.

'인생계획서' 작성하기

리터러시 매체 유형	인성덕목	매체제목
뉴스	존중	나는 못 때리는데

♠ 교사가 되기까지 과정과 교사가 되고 나서의 일들을 상상해 보고 교사인생계획서를 작성해 보세요.

교사가 되기까지 과정 및 생활소감

연령	계획

리터러시 매체 유형	인성덕목	매체제목
그림책	존중	너는 특별하단다

엘리는 저마다 특별한 사랑을 가지고 웸믹이라는 작은 '나무 사람들'을 만들었다. 모두 다른 모습이지만 모두 한 목수 엘리가 만들었고, 웸믹들은 모두 한 마을에 같이 살았다. 그런 웸믹들에게 날마다 하는 일이 있었다. 그들은 금빛 별표와 잿빛 점표가 든 상자를 들고 다니며, 서로에게 별표나 점표를 붙였다. 별표는 자랑거리였지만 점표는 창피하고 부끄러운 것이었다. 펀치넬로는 점표가 많이 붙은 웸믹 중에 하나였다.

활동명 나는 특별하단다

활동목표	
	• 나와 상대방의 자존감을 높일 수 있는 방법을 알 수 있다. • 나의 자존감을 높일 수 있는 상장을 만들어 본다. • 나와 상대방의 장점을 보려고 노력한다.

매체감상

- 그림책 『너는 특별하단다』를 보고 이야기를 나눈다.
  - 그림책 『너는 특별하단다』에서 웸믹들은 서로 만나면 하는 행동은 무엇이었는지 이야기해 보자.
  - 펀치넬로는 어떤 웸믹이었는지 이야기해 보세요.
  - 그림책 『너는 특별하단다』를 보고 난 후 느낀 점에 대해 이야기해 보자.

활동방법

- 그림책 『너는 특별하단다』와 비슷한 상황을 생각해 보고 이야기를 나눈다.
  - 『너는 특별하단다』에서 별표를 많이 받은 웸믹과 점표를 많이 받은 웸믹의 생각을 상상하여 이야기해 본다.
  - 펀치넬로의 입장이 되어 펀치넬로의 감정을 상상하여 이야기해 본다.

–생활 속에서 웸믹들과 비슷한 행동은 어떤 것이 있는지 생각해 보고 이야기를 나눈다.

- 나의 장점들을 생각해 보고 나에게 주는 상장을 제작해 본다.
  –나의 장점(내면적인 것)들을 생각해 보고 이야기해 본다.
  –나에게 주는 상장 문구를 생각해 본다.
  –나의 장점을 적어 넣은 나에게 주는 상장을 만들어 본다.

- 자신이 만든 상장을 소개한다.
  –나에게 주는 상장의 내용을 소개한다.
  –이 활동을 통하여 느낀 점에 대해 이야기를 나눈다.

실천방안

생활에서 나와 상대방의 자존감을 높일 수 있는 방법을 생각해 보고 이야기를 나눈다.

※나와 상대방의 자존감을 높일 수 있는 방법을 찾아보세요.

1.

2.

3.

4.

5.

'나에게 주는 상장' 만들기

리터러시 매체 유형	인성덕목	매체제목
그림책	존중	너는 특별하단다

♠ 나의 장점들을 생각해 보고 나에게 주는 상장을 만들어 보세요.

상 장

년 월 일

인성연구소 대표 드림

CHAPTER 12

배려(配慮)를 통한 영유아교사 인성교육

1 '배려' 덕목의 이해와 증진을 위한 인성교육

1) '배려' 덕목의 인성교육 모형

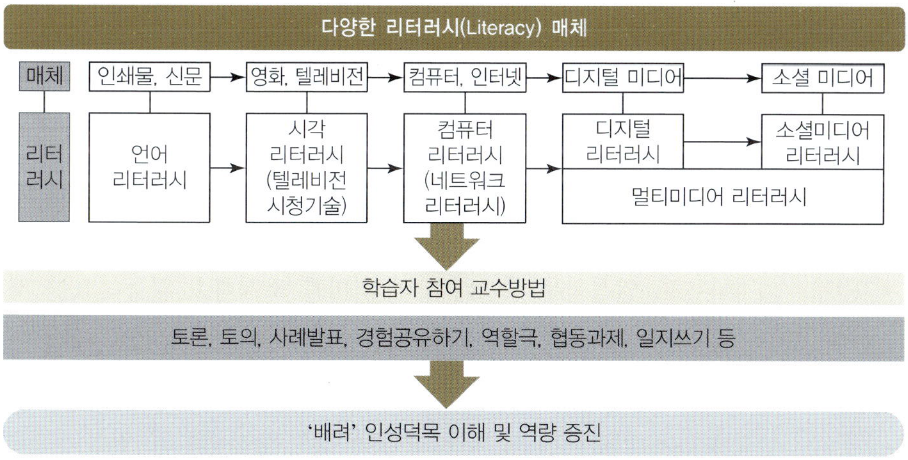

[그림 12-1] '배려' 인성덕목 이해와 증진을 위한 모형

'배려' 덕목의 인성교육 모형은 언어 리터러시, 시각(영상) 리터러시, 정보 리터러시, 네트워크 리터러시, 멀티미디어 리터러시의 다양한 리터러시 매체를 활용한 '배려' 인성교육 요소를 적용하였다. 토의 및 토론, 사례발표, 협동과제 등 학습자 참여교수방법을 활용하여 자신이 이전에 알고 있었던 '배려'의 경험과 프로그램을 통한 '배려'에 대한 생각의 변화와 느낀 점을 깨닫게 됨으로써 인성덕목에 대한 바른 이해와 반성적 사고를 통하여 스스로를 변화시킬 수 있는 학습자중심의 실천적 활동으로 진행한다.

2) '배려' 인성덕목 이해와 증진을 위한 수업단계

- 개인적 성장: 인성덕목 중 스스로 '배려'를 얼마큼 이해하고 실천하고 있는지 인식하고 수용하여 개인의 인성성장을 도모한다.
- 사회적 성장: 인성증진 활동을 통하여 자신을 개방하고 타인을 인정하며 사회적 관계에 영향을 미치는 '배려'의 덕목을 인지하여 '배려'를 지키지 않았을 때 타인에게 미칠 수 있는 영향들과 타인의 '배려' 실천을 통한 스스로의 변화에 대해 생각한다. 이를 통하여 타인에 대한 배려를 존중하며 서로 간의 관계형성을 향상하여 사회적 성장을 도모한다.
- 전문적 성장: 유아교사로서 갖추어야 할 인성덕목 및 역할, 소양 등을 명료화하여 전문적 성장을 도모한다.

'배려' 인성덕목 이해와 증진을 위한 수업은 4단계에 걸쳐 이루어진다.

- 1단계 – 생각나누기: 인성덕목 중 '배려'의 의미를 소개하고 활동목표를 제시한다. 또한 '배려'에 대해서 자신이 가지고 있는 기본적인 생각에 대해 이야기를 나눈다.
- 2단계 – 생각펼치기: 리터러시 매체에 나타난 상황을 '배려'의 인성덕목요소에 맞추어 해석·전개하고, 자신의 생각을 다양한 방법으로 표상한다.
- 3단계 – 내면화하기: '배려'의 가치를 자신의 삶에 투사하여 세계관을 넓히고 잘못된 인성습관을 개선하기 위하여 일상생활에서 '배려'를 내면화하고 실

천할 수 있는 힘을 기르는 방법을 모색한다.

- 4단계 – 느낌나누기: '배려'의 가치와 활동하고 난 후의 느낌과 생각의 변화를 정리한다. 일상생활에서 '배려'를 실천할 수 있는 방안을 모색하고 실천해 본다.

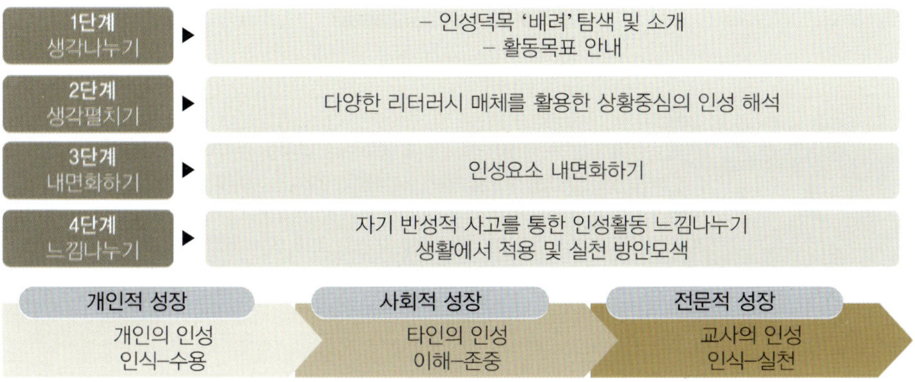

출처: 최대훈(2016)을 기초로 개발

[그림 12–2] '배려' 인성덕목 이해와 증진을 위한 수업단계

3) 리터러시 매체를 활용한 '배려' 인성덕목의 활동내용

인성덕목	리터러시 매체	활동명	활동내용
배려(配慮)	그림책	내 팔이 되어 주세요	팀 활동을 통해 서로에게 배려하는 방법을 찾고 실천한다.
	신문	무슨 일이 있었을까?	층간소음을 겪고 있는 윗집과 아랫집의 상황을 만화로 그려 보고 층간소음 갈등을 줄일 수 있는 배려방법을 찾아본다.
	노래	'배려' 노래 개사하기	배려가 필요한 상황을 노래로 개사하여 표현한다.
	소설	마니또	친구에게 마니또 친구가 되어 배려를 해 준다.

2 리터러시 매체를 활용한 인성교육의 실제

리터러시 매체 유형	인성덕목	매체제목
그림책	배려	여우와 두루미

여우가 두루미를 식사에 초대했는데 여우는 두루미에게 음식을 권하고, 자신도 맛있게 수프를 먹기 시작했다. 하지만 두루미는 당황했다. 맛있어 보이는 수프였지만 납작한 접시에 담겨 있어 도무지 먹을 수가 없었기 때문이다. 두루미는 그 일을 마음속에 새겼고, 다음에는 두루미가 여우를 식사에 초대했는데 호리병에 음식을 담아 내왔고 주둥이가 닿지 않는 여우는 음식을 먹지 못했다.

활동명 내 팔이 되어 주세요

활동목표	• 상대방에게는 나의 입장과 다른 배려가 필요함을 알다. • 팀 활동을 통해 서로에게 배려하는 방법을 찾고 실천한다. • 나와 다른 상대방을 존중하고 배려해야 함을 인식한다.

매체감상

- 그림책 『여우와 두루미』를 읽고 이야기를 나눈다.
  - 그림책 『여우와 두루미』에서 당황했을 두루미의 입장이 되어 두루미의 생각을 상상해 보자.
  - 그림책 『여우와 두루미』를 보고 난 후 느낀 점에 대해 이야기해 보자.

활동방법

- 그림책 『여우와 두루미』의 주제와 비슷한 상황은 무엇이 있을지 생각해 본다.
  - 여우의 집에서 두루미가 당황한 이유를 생각해 본다.

– 그림책『여우와 두루미』의 사례처럼 상대방을 배려하지 못하여 발생할 수 있는 일은 무엇이 있을지 생각해 본다.
– 여우와 두루미 모두에게 부족한 점은 무엇인지 토의한다.

- '내 팔이 되어주세요' 게임을 해 보며 상대방을 배려해 보는 체험을 해 본다.
  – 2명이 짝이 되어 한 사람이 다른 사람의 뒤에서 팔만 내밀어 앞사람의 팔의 역할을 한다.
  – 뒷사람은 앞사람이 보고 말하는 대로 팔을 움직여 음식물을 앞사람이 먹을 수 있도록 한다.
  – 활동 후 어려웠던 점에 대해 서로 이야기해 보고, 역할을 바꾸어 활동을 해 본다.

- 활동 소감을 이야기해 본다.
  – 활동을 할 때 서로 어떤 점을 배려하였는지 이야기해 본다.
  – 이 활동을 통하여 느낀 점에 대해 이야기를 나눈다.

실천방안

상대방을 위한 배려의 대상과 방법은 무엇이 있는지 생각해 보고 어떤 노력을 기울여야 하는지 실천방안에 대해 이야기를 나눈다.

※상대방을 배려하기 위한 방법을 만들어 보세요.

1.
2.
3.
4.
5.

'내 팔이 되어주세요' 활동 소감

리터러시 매체 유형	인성덕목	매체제목
그림책	배려	여우와 두루미

♠ '내 팔이 되어주세요' 활동 후 서로에게 어떤 배려를 하며 활동하였는지 이야기해 보세요.

내가 한 배려

리터러시 매체 유형	인성덕목	매체제목
신문	배려	층간소음

층간소음으로 인해 이웃 사이에 쇠파이프에 야구방망이까지 등장하는 집단난투극을 벌인 사건이 있었다. 현대사회는 과거와 달리 아파트와 같은 다세대 주택이 늘어나면서 서로 다른 가구가 벽 한두 장을 맞대고 가까이 살게 되는 일이 흔해졌다. 서로의 견해 차이에 의해 갈등이 생길 수밖에 없다. 심지어 갈등이 격화되어 스트레스가 심해지면, 작은 소음에도 더욱 민감해져 극단적으로 변하는 지경에 이르기도 한다.

활동명 무슨 일이 있었을까?

활동목표	• 층간소음의 갈등 원인에 대해 알아본다. • 층간소음 갈등을 줄일 수 있는 배려방법을 찾아본다. • 타인과의 갈등을 줄이기 위해 배려가 필요함을 인식한다.

매체감상

- 『'층간소음' 갈등』 신문기사를 읽고 이야기를 나눈다.
  - 『'층간소음' 갈등』 신문기사에서 사람들의 왜 서로 다투게 되었는지 이야기해 보자.
  - 『'층간소음' 갈등』 신문기사를 보고 난 후 느낀 점에 대해 이야기해 보자.

활동방법

- 『'층간소음' 갈등』 신문기사와 비슷한 내용의 뉴스를 찾아보고 사람들이 왜 화가 났는지 생각해 보자.
  - 위층과 아래층 사람들의 입장해서 각각 생각하여 이야기해 본다.
  - 층간소음을 경험을 해 보았다면 자신의 경험을 이야기해 본다.
  - 층간소음으로 인한 다툼에 대처하는 방법에 대해 토의한다.

- 층간소음을 겪는 사람들의 모습을 만화로 표현해 보자.

- 층간소음이 일어나는 다양한 상황을 생각해 보자.
  - 윗집과 아랫집 사람들이 각각 층간소음으로 인해 겪는 어려움과 갈등을 만화로 표현해 본다.
  - 윗집과 아랫집의 입장에서 어떤 배려가 필요한지 생각해 본다.

- 자신이 만든 만화를 소개한다.
  - 자신이 그린 만화의 상황을 소개한다.
  - 이 활동을 통하여 알게 된 점과 느낀 점에 대해 이야기를 나눈다.

실천방안

층간소음 갈등을 줄이기 위해 상대방을 배려할 수 있는 방법을 생각해 본다.

※층간소음의 상대방을 배려할 수 있는 방법을 찾아보세요.

1.

2.

3.

4.

5.

'무슨 일이 있었을까?' 만화 그리기

리터러시 매체 유형	인성덕목	매체제목
신문	배려	층간소음

♠ 층간소음을 겪고 있는 윗집과 아랫집의 상황을 만화로 그려 보세요

층간소음 만화

리터러시 매체 유형	인성덕목	매체제목
노래	배려	까치밥

나 어릴 적 감 따던 날 울엄마가 하신 말씀
싸그리 따지 말고 몇 개 남겨 두어라 까치도 겨울을 넘겨야지
까치가 까악 깍 울면 반가운 소식 오잖아 까치밥이 사랑이야
우리 서로 사랑으로 더불어 사는 세상
까치밥이 사랑이야

- 까치밥 노래 가사 중

활동명 '배려' 노래 개사하기

활동목표	• 배려가 필요한 상황에 대해 알아본다. • 배려가 필요한 상황을 노래로 개사하여 표현한다. • 생활 속에서 다른 사람을 배려하려는 마음을 가진다.

매체감상

- 노래 『까치밥』을 들어보고 이야기를 나눈다.
  - 노래 『까치밥』의 가사를 읽어보고 노래에서는 어떤 배려를 말하고 있는지 이야기해 보자.
  - 노래 『까치밥』을 보고 난 후 느낀 점에 대해 이야기해 보자.

활동방법

- 노래 『까치밥』의 가사처럼 자신이 주변을 배려할 수 있는 행동들을 생각해 본다.
  - 자신이 주변을 배려할 수 있는 일들을 생각해 보고 이야기해 본다.
  - 다른 사람들에게 배려를 받고 싶은 것은 무엇이 있는지 이야기해 본다.
  - 서로 배려하여 해결할 수 있는 일들이 무엇이 있을지 생각해 본다.

- 김동률의 노래 '배려'의 가사를 개사하여 배려를 하는 노래를 만들어 본다.
  - 상대방에게 받고 싶은 배려, 상대방에게 해 주면 좋을 배려의 내용을 생각해 본다.
  - 상대방에게 받고 싶은 배려 또는 상대방에게 해 주어야 할 배려의 내용으로 노래를 개사하고 불러본다.

- 자신이 만든 노래를 소개한다.
  - 가사의 배경을 설명하고 개사한 노래를 소개한다.
  - 이 활동을 통하여 느낀 점에 대해 이야기를 나눈다.

실천방안

생활 속에서 다른 사람을 배려하기 위한 방법에 대해 이야기를 나눈다.

※생활 속에서 다른 사람을 배려하기 위한 방법을 찾아보세요.

1.

2.

3.

4.

5.

'배려' 노래 개사하기

리터러시 매체 유형	인성덕목	매체제목
노래	배려	까치밥

♠ 다른 사람에게 받고 싶은 배려의 내용으로 '배려' 노래를 개사해 보세요.

가끔 너는 내게 아무렇지도 않은 듯이
나의 안부를 묻곤 하지 태연히
나는 아직 너의 너무도 좋은 친구라며
어색한 내 모습을 되려 탓하지

떠난 사람은 그리 편한건지 모른 척 하는지
언제까지 기다린단 내 말 잊은건지

진정 나를 위한다면
이쯤에서 그만 날 놓아줘
사랑했던 마음이라도 간직할 수 있게

이런 내가 가엾다면
두 번 다시 날 찾지 말아줘
니가 없는 채로 세상에 길들여 질 수 있게

떠난 사람은 그리 편한건지 모른 척 하는지
언제까지 기다린단 내 말 잊은건지

진정 나를 위한다면
이쯤에서 그만 날 놓아줘
사랑했던 마음이라도 간직할 수 있게

이런 내가 가엾다면
두 번 다시 날 찾지 말아줘
돌아올 수 없는 거라면 차라리 멀리 떠나줘 제발

리터러시 매체 유형	인성덕목	매체제목
소설	배려	크리스마스 선물

가난하지만 서로 사랑하고 사는 부부 짐과 델라가 있었다. 그들은 가난하지만 짐은 할아버지 때부터 물려받은 시계가 자랑거리였으며, 델라는 길고 아름다운 갈색 머리카락을 자랑거리로 삼고 있었다. 어느 해 크리스마스 날, 델라는 남편에게 크리스마스 선물을 하려고 마음을 먹고 고민 끝에 자신의 길고 고운 머리카락을 잘라서 그 돈으로 시계줄을 산다. 그런데 짐은 델라에게 주려고 자신의 시계를 팔아서 고급 머리빗을 주었다.

활동명 마니또

활동목표	• 배려의 가치에 대해 알아본다. • 친구에게 마니또 친구가 되어 배려를 해 준다. • 배려가 선물 이상의 가치가 있음을 인식한다.

매체감상

• 소설 『크리스마스의 선물』의 줄거리를 읽고 이야기를 나눈다.
 - 소설 『크리스마스의 선물』에서 짐과 델라는 서로 어떤 배려를 하여서 선물을 준비하였는지 생각해 보자.
 - 소설 『크리스마스의 선물』를 읽고 난 후 느낀 점에 대해 이야기해 보자.

활동방법

• 소설 『크리스마스의 선물』에서 어떤 배려가 있었는지 생각해 본다.
 - 소설 『크리스마스의 선물』에서 짐과 델라가 서로에게 배려를 한 방법에 대해 이야기해 본다.
 - 소설 『크리스마스의 선물』의 짐과 델라처럼 결국 서로에게 교환하기 어려운 선물을 준비한 상황이 되었을 때 선물과 배려의 가치에 대해 토의해 본다.

- '마니또'를 정하여 친구에게 어떤 배려를 해 줄 수 있을지 이야기해 본다.
  - 친구들과 대화를 하며 친구들에게 어떤 배려가 필요한지 알아본다.
  - 마니또를 정하여 배려를 해 줄 친구를 정하고, 그 친구에게 어떤 배려가 필요할지 생각해 본다.
  - 마니또 친구가 받고 싶을 배려와 내가 해 줄 수 있는 배려는 무엇이 있는지 적어본다.

- 자신이 적은 배려 목록을 소개한다.
  - 자신이 적은 배려 목록 중 하나를 소개한다.
  - 이 활동을 통하여 느낀 점에 대해 이야기를 나눈다.

실천방안

주변 사람들을 배려하기 위해 어떤 시선으로 주변 사람들을 바라보는 것이 필요할지 생각해 본다.

※주변 사람들을 배려하기 위해 필요한 시선을 생각해 보세요.

1.

2.

3.

4.

5.

'마니또' 배려 목록적기

리터러시 매체 유형	인성덕목	매체제목
소설	배려	크리스마스 선물

♠ 마니또 친구를 어떻게 배려해 줄 수 있을지 목록을 적어 보세요.

친구를 위한 배려 목록

- ☐
- ☐
- ☐
- ☐
- ☐
- ☐
- ☐
- ☐
- ☐

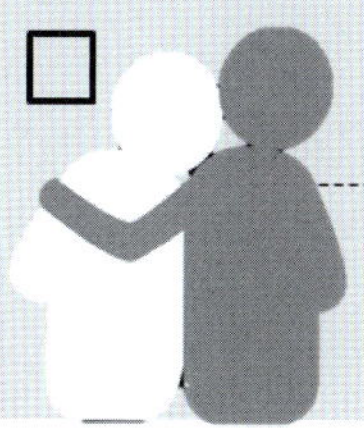

CHAPTER 13

소통(疏通)을 통한 영유아교사 인성교육

1 '소통' 덕목의 이해와 증진을 위한 인성교육

1) '소통' 덕목의 인성교육 모형

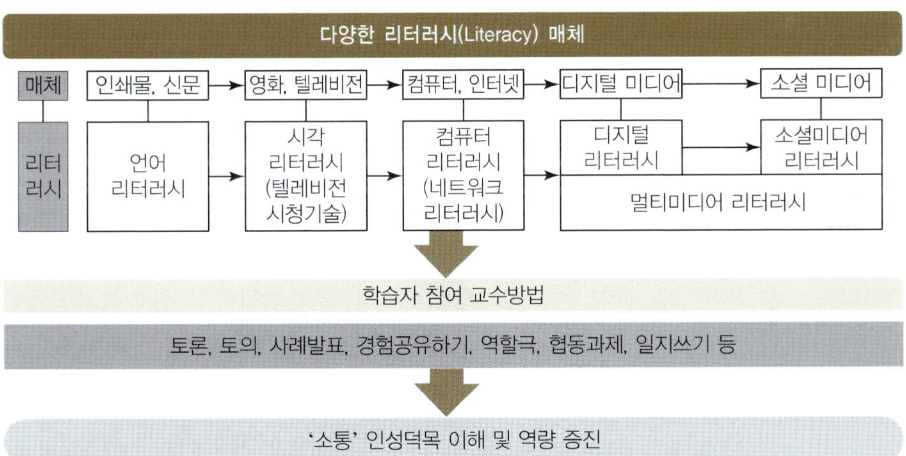

[그림 13-1] '소통' 인성덕목 이해와 증진을 위한 모형

'소통' 덕목의 인성교육 모형은 언어 리터러시, 시각(영상) 리터러시, 정보 리터러시, 네트워크 리터러시, 멀티미디어 리터러시의 다양한 리터러시 매체를 활용한 '소통' 인성교육 요소를 적용하였다. 토의 및 토론, 사례발표, 협동과제 등 학습자 참여교수방법을 활용하여 자신이 이전에 알고 있었던 '소통'의 경험과 프로그램을 통한 '소통'에 대한 생각의 변화와 느낀 점을 깨닫게 됨으로써 인성덕목에 대한 바른 이해와 반성적 사고를 통하여 스스로를 변화시킬 수 있는 학습자중심의 실천적 활동으로 진행한다.

2) '소통' 인성덕목 이해와 증진을 위한 수업단계

- 개인적 성장: 인성덕목 중 스스로 '소통'을 얼마큼 이해하고 실천하고 있는지 인식하고 수용하여 개인의 인성성장을 도모한다.
- 사회적 성장: 인성증진 활동을 통하여 자신을 개방하고 타인을 인정하며 사회적 관계에 영향을 미치는 '소통'의 덕목을 인지하여 '소통'을 지키지 않았을 때 타인에게 미칠 수 있는 영향들과 타인의 '소통' 실천을 통한 스스로의 변화에 대해 생각한다. 이를 통하여 타인과의 소통을 존중하며 서로 간의 관계형성을 향상하여 사회적 성장을 도모한다.
- 전문적 성장: 유아교사로서 갖추어야 할 인성덕목 및 역할, 소양 등을 명료화하여 전문적 성장을 도모한다.

'소통' 인성덕목 이해와 증진을 위한 수업은 4단계에 걸쳐 이루어진다.

- 1단계 – 생각나누기: 인성덕목 중 '소통'의 의미를 소개하고 활동목표를 제시한다. 또한 '소통'에 대해서 자신이 가지고 있는 기본적인 생각에 대해 이야기를 나눈다.
- 2단계 – 생각펼치기: 리터러시 매체에 나타난 상황을 '소통'의 인성덕목요소에 맞추어 해석·전개하고, 자신의 생각을 다양한 방법으로 표상한다.
- 3단계 – 내면화하기: '소통'의 가치를 자신의 삶에 투사하여 세계관을 넓히고 잘못된 인성습관을 개선하기 위하여 일상생활에서 '소통'을 내면화하고 실

천할 수 있는 힘을 기르는 방법을 모색한다.

- 4단계 – 느낌나누기: '소통'의 가치와 활동하고 난 후의 느낌과 생각의 변화를 정리한다. 일상생활에서 '소통'을 실천할 수 있는 방안을 모색하고 실천해 본다.

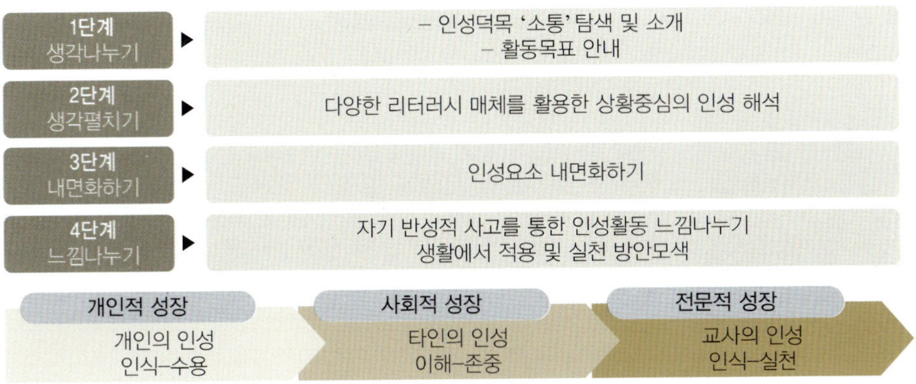

출처: 최대훈(2016)을 기초로 개발

[그림 13–2] '소통' 인성덕목 이해와 증진을 위한 수업단계

3) 리터러시 매체를 활용한 '소통' 인성덕목의 활동내용

인성덕목	리터러시 매체	활동명	활동내용
소통(疏通)	그림책	귀를 기울여요	의사소통 게임을 통해 상대방의 말에 귀를 기울여 대화해 본다.
	사진	토킹 스틱	토킹 스틱을 만들어서 대화에 사용하면서 여러 사람이 대화할 때에 상대방의 이야기 순서를 존중한다.
	TV 다큐멘터리	밥묵자	가족 간의 소통에 대한 대본을 적어 보고 거기에 맞추어 역할극을 해 본다.
	소설	효과적인 피드백	부적절한 피드백 사례를 찾아 효과적인 방법으로 대화를 해 본다.

2 리터러시 매체를 활용한 인성교육의 실제

리터러시 매체 유형	인성덕목	매체제목
그림책	소통	난 토마토 절대 안 먹어

가끔, 부모님은 찰리에게 롤라의 밥을 차려주라고 한다. 하지만 롤라는 말도 못하게 까다롭다. 콩하고 당근하고 감자하고 버섯하고 스파게티하고 달걀하고 소시지는 싫다고 한다. 그리고 토마토는 절대로 안 먹는다고 한다. 찰리는 롤라를 위해 좋은 꾀를 낸다. 당근은 '오렌지뽕가지뽕'이라고 하고, 으깬 감자는 '구름보푸라기'입이다. 콩요리는 '초록방울'이고 생선튀김은 바다 인어들이 먹는 '바다얌냠이'이다.

활동명 귀를 기울여요

활동목표	• 상대방의 말에 귀를 기울이는 방법을 안다. • 의사소통 게임을 통해 상대방의 말에 귀를 기울여 대화해 본다. • 대화를 위한 다양한 소통방법의 필요성을 인식한다.

매체감상

- 그림책 『난 토마토 절대 안 먹어』를 읽고 이야기를 나눈다.
  - 그림책 『난 토마토 절대 안 먹어』에서 찰리는 어떤 방법으로 롤라에게 음식을 주었는지 이야기 보자
  - 그림책 『난 토마토 절대 안 먹어』를 읽고 난 후 느낀 점에 대해 이야기해 보자.

활동방법

- 그림책 『난 토마토 절대 안 먹어』에서 볼 수 있는 소통의 방법에 대해 이야기해 본다.

–그림책 『난 토마토 절대 안 먹어』에서 찰리가 사용한 소통방법은 무엇이었는지 이야기해 본다.
–찰리와 같은 소통방법이 필요한 순간은 언제인지 생각해 본다.
–다른 사람과 소통을 위해 필요한 자세에 대해 토의해 한다.

- 의사소통 게임을 통해 서로 귀를 기울여 상대방의 말에 집중하여 대화를 해 본다.
  –눈동자를 서로 마주치면서 아무 말 하지 않고 신체적 접촉도 하지 않는다.
  –눈을 맞추면서 손을 마주 잡고 서로 신체적 접촉은 하지만, 말은 전혀 하지 않는다.
  –두 사람이 등과 등을 마주 대고 이야기를 하게 한다.

- 활동을 한 후 소감을 이야기해 보자.
  –등을 마주대고 이야기할 때의 느낌을 이야기해 본다.
  –이 활동을 통하여 느낀 점에 대해 이야기를 나눈다.

실천방안

상대방의 말에 귀를 기울이는 방법을 생각해 보고 이야기를 나눈다.

※상대방의 말에 귀를 기울이는 방법을 이야기해 보세요.

1.

2.

3.

4.

5.

‘귀를 기울여요’ 활동 후 느낌

리터러시 매체 유형	인성덕목	매체제목
그림책	소통	난 토마토 절대 안 먹어

♠ 등을 마주대고 이야기할 때의 느낌을 이야기해 보세요.

리터러시 매체 유형	인성덕목	매체제목
사진	소통	토킹 스틱

토킹 스틱은 인디언들이 회의를 할 때 부족장이 들고 있는 지팡이였다고 한다. 토킹 스틱을 가진 사람만 말을 할 수 있다. 우선 토킹 스틱을 들고 있는 족장이 발제를 하고, 부족원 중 의견을 말하고 싶은 이에게 토킹 스틱을 넘긴다. 토킹 스틱을 갖고 있는 동안에는 누구의 간섭도 받지 않고 다른 사람들을 충분하게 이해시킬 때까지 의견을 말할 수 있다. 토킹 스틱을 활용해서 얻는 장점은 자연스럽게 경청하는 분위기가 만들어진다는 점이다.

활동명 토킹 스틱

활동목표	• 여러 사람이 대화를 할 때 필요한 소통기술에 대해 안다. • 토킹 스틱을 만들어서 대화에 사용해 본다. • 여러 사람이 대화할 때에 상대방의 이야기 순서를 존중한다.

매체감상

- 『토킹 스틱』 사용법을 알아보고 이야기를 나눈다.
  - 『토킹 스틱』은 어떻게 사용하는지 알아보고 자신의 생각을 이야기해 보자.
  - 『토킹 스틱』이 왜 고안되었는지에 대해 이야기해 보자.

활동방법

- 『토킹 스틱』의 기능과 필요성에 대해 이야기를 나눈다.
  - 『토킹 스틱』이 필요한 순간은 언제일지 생각해 본다.

- 여러 사람이 회의를 하거나 대화를 할 때 어떤 문제점이 있는지 생각해 본다.
  - 『토킹 스틱』을 사용하면 어떤 점이 좋을지 이야기해 본다.

- 『토킹 스틱』을 만들어 보고 『토킹 스틱』을 이용하여 대화해 본다.
  - 『토킹 스틱』 사진을 보고 형태에 대해 이야기해 본다.
  - 다양한 미술 재료를 사용하여 『토킹 스틱』을 만들어 본다.
  - 대화 주제를 정한 후 『토킹 스틱』을 이용하여 서로 대화해 본다.
  - 『토킹 스틱』을 사용하지 않고 대화를 할 때와 어떤 점이 다르고 어떤 장점과 단점이 있는지 이야기해 본다.

- 자신이 만든 『토킹 스틱』에 대해 소개한다.
  - 『토킹 스틱』을 통한 대화의 소감과 만든 모양을 소개한다.
  - 이 활동을 통하여 느낀 점에 대해 이야기를 나눈다.

실천방안

토론이나 회의 등 여러 사람이 함께 대화할 때 필요한 규칙과 소통방법을 생각해 보고 실천방안에 대해 이야기를 나눈다.

※토론이나 회의할 때 필요한 소통방법과 규칙을 만들어 보세요.

1.

2.

3.

4.

5.

'토킹 스틱' 만들기

리터러시 매체 유형	인성덕목	매체제목
사진	소통	토킹 스틱

♠ 토킹 스틱을 어떤 형태로 만들지 구상해 보고, 여러 재료를 이용하여 만들어 보세요. 그리고 만든 토킹 스틱을 이용하여 대화를 해보세요.

토킹 스틱 만들기 재료

토킹 스틱 예상 디자인 도안

리터러시 매체 유형	인성덕목	매체제목
TV 다큐멘터리	소통	우리집 꼰대

'아버지', 누군가에게는 존경해마지 않는 존재이며, 누구에게도 말 못할 슬픔의 이유 혹은 원망의 대상이다. 우리는 살아가는 동안 아버지와의 소통을 과제처럼 여길 때를 맞이하곤 한다. 그들과 새로운 방법으로 소통을 시도하는 웹투니스트 3인이 있다. 자신만의 시선으로 내 아버지의 삶을 한 컷 한 컷 그려갈수록 이해할 수 없어 꼰대라고 치부했던 존재는 희미해지고 인생의 무거운 짐을 기꺼이 짊어진 위대한 한 남자를 대면하게 된다.

활동명 밥묵자

활동목표	• 가족 간의 소통의 중요성에 대해 알아본다. • 가족 간의 소통에 대한 대본을 적어 보고 거기에 맞추어 역할극을 해 본다. • 서로 간의 존중을 바탕으로 소통에 대한 의미와 상호존중에 대하여 알아본다.

매체감상

- 다큐멘터리 『우리집 꼰대』의 한 장면을 감상하고 이야기를 나눈다.
  - 다큐멘터리 『우리집 꼰대』에서 아버지는 어떤 모습(소통방법)으로 표현되고 있는지 이야기해 보자.
  - 다큐멘터리 『우리집 꼰대』를 보고 난 후 느낀 점에 대해 이야기해 보자.

활동방법

- 다큐멘터리 『우리집 꼰대』에서 아버지들이 사용한 소통방법에 대해 이야기해 본다.
  - 다큐멘터리 『우리집 꼰대』에서 아버지의 소통방법은 어떤 문제가 있는지 생각해 본다.
  - 다큐멘터리 『우리집 꼰대』의 소통방법에 대한 경험을 이야기해 본다.

–우리 가족의 소통방법에 대해 이야기해 본다.

- 개그콘서트의 '밥묵자'의 장면을 보고 역할극을 해 본다.
  –개그콘서트의 '밥묵자'에서 어떤 소통이 이루어지고 있는지 이야기해 본다.
  –역할을 정하여 역할극을 해 보고 대화를 한 느낌을 이야기해 본다.
  –소통방법을 바꾸어서 역할극을 해 보고 각각의 소통방법을 비교하여 이야기해 본다.

- 역할극을 해 본 느낌을 이야기해 본다.
  –각각의 소통방법으로 대화를 해 본 소감을 이야기해 본다.
  –이 활동을 통하여 느낀 점에 대해 이야기를 나눈다.

실천방안

원활한 가족 간 소통을 위한 대화방법과 실천방안에 대해 이야기를 나눈다.

※가족 간 대화 시 필요한 소통기술에 대해 이야기해 보세요.

1.

2.

3.

4.

5.

'밥묵자' 역할극 하기

리터러시 매체 유형	인성덕목	매체제목
TV 다큐멘터리	소통	우리집 꼰대

♠ 개그콘서트 '밥묵자'의 장면을 대화로 적어 보고 역할극을 해 보자.

개그콘서트 '밥묵자' 대본

등장인물

배경

대사

리터러시 매체 유형	인성덕목	매체제목
소설	소통	피드백 이야기

평소엔 상대방에게 별 관심이 없는 주인공 스콧. 그러나 스콧은 상대방의 허점을 발견하면 그 순간부터 마구 공격을 한다. 즉 전형적인 문제상사이자 문제남편, 문제 아빠이다. 그래서 직원들, 아내, 아이 모두 스콧을 피하는데, 저자는 문제상사 스콧이 회사 교육을 통해 자신으로부터 피드백을 못 받아 문제사원으로 전락한 제리에게 솔직히 사과하게 되는 이야기를 통해 진심 어린 인간관계를 만들어가는 과정을 잔잔히 그린다.

활동명 효과적인 피드백

활동목표	• 효과적인 피드백 방법을 알아본다. • 부적절한 피드백 사례를 찾아 효과적인 방법으로 대화를 해 본다. • 효과적인 피드백 기술의 필요성을 느낀다.

매체감상

• 소설 『피드백 이야기』의 한 부분을 읽고 이야기를 나눈다.
  – 소설 『피드백 이야기』에서 스콧의 피드백을 들으면 어떤 기분이 들지 생각해 보자.
  – 소설 『피드백 이야기』를 읽고 난 후 느낀 점에 대해 이야기해 보자.

활동방법

• 『피드백 이야기』에서 작가가 말하고자 하는 피드백 기술에 대해 이야기를 나눈다.
  – 『피드백 이야기』의 스콧의 문제점을 생각해 보고 스콧과 같은 실수를 한 적은 없는지 이야기해 본다.
  – 스콧과 같은 사람과 대화를 해 본 경험을 생각해 보고 대화를 할 때의 느낌을 이야기해 본다.

–적절한 피드백 방법에 대해 이야기해 본다.

- 『피드백 이야기』에서 찾아본 소통과 피드백 기술에 대해 알아보고 대화에 적용해 본다.
  - –피드백을 들은 후 또는 말을 한 후 불편하였던 경험을 이야기해 본다.
  - –『피드백 이야기』 속에서 적절한 피드백 방법을 찾아서 문제점을 진단하고, 소설 『피드백 이야기』의 방법으로 말을 수정해 본다.

- 자신이 수정한 피드백 사례를 소개한다.
  - –수정해 본 피드백 사례를 소개한다.
  - –이 활동을 통하여 알게 된 점과 느낀 점에 대해 이야기를 나눈다.

실천방안

효과적인 소통과 피드백 기술에 대해 알아보고 실천방안에 대해 이야기를 나눈다.

※효과적인 소통과 피드백을 위한 기술을 적어 보세요.

1.

2.

3.

4.

5.

‘효과적인 피드백’ 수정하기

리터러시 매체 유형	인성덕목	매체제목
소설	소통	피드백 이야기

♠ 부적절한 피드백 사례를 찾아보고 효과적인 피드백 방법으로 수정해 보세요.

부적절한 피드백	효과적인 피드백

CHAPTER 14 협동(協同)을 통한 영유아교사 인성교육

1 '협동' 덕목의 이해와 증진을 위한 인성교육

1) '협동' 덕목의 인성교육 모형

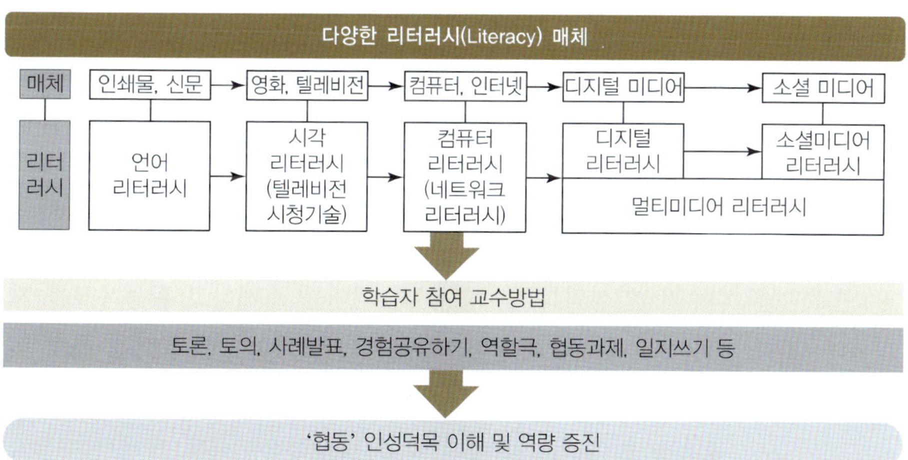

[그림 14-1] '협동' 인성덕목 이해와 증진을 위한 모형

'협동' 덕목의 인성교육 모형은 언어 리터러시, 시각(영상) 리터러시, 정보 리터러시, 네트워크 리터러시, 멀티미디어 리터러시의 다양한 리터러시 매체를 활용한 '협동' 인성교육 요소를 적용하였다. 토의 및 토론, 사례발표, 협동과제 등 학습자 참여교수방법을 활용하여 자신이 이전에 알고 있었던 '협동'의 경험과 프로그램을 통한 '협동'에 대한 생각의 변화와 느낀 점을 깨닫게 됨으로써 인성덕목에 대한 바른 이해와 반성적 사고를 통하여 스스로를 변화시킬 수 있는 학습자중심의 실천적 활동으로 진행한다.

2) '협동' 인성덕목 이해와 증진을 위한 수업단계

- 개인적 성장: 인성덕목 중 스스로 '협동'을 얼마큼 이해하고 실천하고 있는지 인식하고 수용하여 개인의 인성성장을 도모한다.
- 사회적 성장: 인성증진 활동을 통하여 자신을 개방하고 타인을 인정하며 사회적 관계에 영향을 미치는 '협동'의 덕목을 인지하여 '협동'을 지키지 않았을 때 타인에게 미칠 수 있는 영향들과 타인의 '협동' 실천을 통한 스스로의 변화에 대해 생각한다. 이를 통하여 타인과의 협동을 존중하며 서로 간의 관계형성을 향상하여 사회적 성장을 도모한다.
- 전문적 성장: 유아교사로서 갖추어야 할 인성덕목 및 역할, 소양 등을 명료화하여 전문적 성장을 도모한다.

'협동' 인성덕목 이해와 증진을 위한 수업은 4단계에 걸쳐 이루어진다.

- 1단계 – 생각나누기: 인성덕목 중 '협동'의 의미를 소개하고 활동목표를 제시한다. 또한 '협동'에 대해서 자신이 가지고 있는 기본적인 생각에 대해 이야기를 나눈다.
- 2단계 – 생각펼치기: 리터러시 매체에 나타난 상황을 '협동'의 인성덕목요소에 맞추어 해석·전개하고, 자신의 생각을 다양한 방법으로 표상한다.
- 3단계 – 내면화하기: '협동'의 가치를 자신의 삶에 투사하여 세계관을 넓히고 잘못된 인성습관을 개선하기 위하여 일상생활에서 '협동'을 내면화하고 실

천할 수 있는 힘을 기르는 방법을 모색한다.

- 4단계 – 느낌나누기: '협동'의 가치와 활동하고 난 후의 느낌과 생각의 변화를 정리한다. 일상생활에서 '협동'을 실천할 수 있는 방안을 모색하고 실천해 본다.

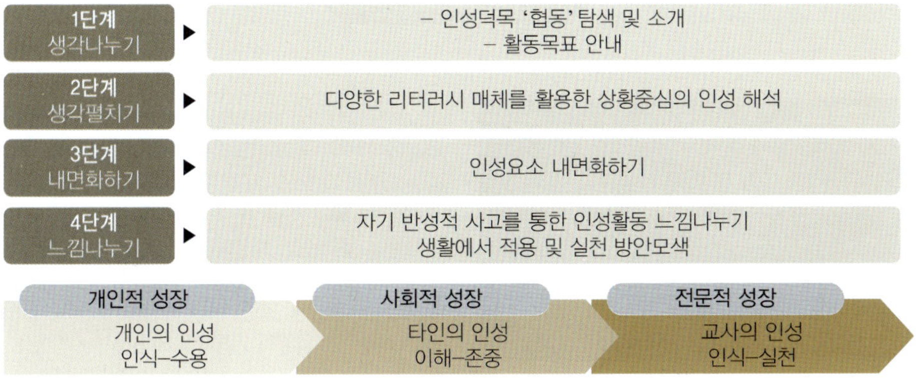

출처: 최대훈(2016)을 기초로 개발

[그림 14-2] '협동' 인성덕목 이해와 증진을 위한 수업단계

3) 리터러시 매체를 활용한 '협동' 인성덕목의 활동내용

인성덕목	리터러시 매체	활동명	활동내용
협동(協同)	뉴스	놋다리밟기	놋다리밟기를 통에 협동과 배려를 체험한다.
	TV	협동화 그리기	팀원들과 협동하여 협동을 나타내는 협동화를 그리기를 팀원과 협동하려는 자세를 가진다.
	그림	함께 하는 시간	협동하여 할 수 있는 활동을 통해 협력하는 경험을 해 본다.
	뉴스	협동으로 변화된 세상	직접적으로 사회를 변화시키거나 도움을 주는 사건들을 찾아서 신문기사를 만들어본다.

2 리터러시 매체를 활용한 인성교육의 실제

리터러시 매체 유형	인성덕목	매체제목
뉴스	협동	태안은 지금

2007년 12월 7일 충남 태안군 만리포 북서방 5마일 해상에서 예인 중이던 크레인선이 지나가던 유조선과 충돌, 원유 12,547kℓ가 유출된 사건이다. 태안군민들이 절망에 빠져 있을 때, 이를 위해 앞다투어 자원봉사자들이 몰려왔다. 주말마다 봉사를 오는 부부부터, 수능 끝난 학생, 군인, 아파트 부녀회 등 전국 각지에서 몰려온 연인원 96만 4000여 명의 자원봉사자들이 수작업으로 일일이 기름때를 제거하기 시작했다.

활동명 놋다리밟기

활동목표	• 협동을 통해 사회문제를 해결한 사례를 알아본다. • 놋다리밟기를 통에 협동과 배려를 체험한다. • 사회문제를 협동을 통해 해결할 수 있음을 인식한다.

매체감상

- 뉴스 『태안은 지금』의 장면을 보고 이야기를 나눈다.
  - 태안 원유 유출 사고로 인한 피해의 규모와 당시에 예측한 복구 시간과 현재의 복구 상태에 대해 알아보자.
  - 태안이 복구되기까지의 과정에 대해 알아보고 느낀 점에 대해 이야기해 보자.

활동방법

- 태안 원유 유출 사고 수습 과정에서 보여준 협동의 힘에 대해서 이야기를 나눈다.

–태안 사고 후 복구를 위한 자원봉사자들을 본 외국의 반응을 알아본다.
–어려웠던 일을 여러 명이 협동하여 해결해 본 경험에 대해 이야기해 본다.
–우리 생활 속에서 협동이 꼭 필요한 일들에 대해 이야기해 본다.

- 협동의 중요성을 나타내는 속담을 알아보고 협동게임을 통하여 협동의 힘을 생각해 본다.
  –협동을 표현하는 속담을 알아보고 속담카드를 만든다.
  –팀을 나누어 놋다리밟기를 하여 협동에 대한 속담 카드를 가져온다(정해진 수만큼의 카드를 먼저 가져올 수 있도록 한다).

- 활동 후 활동에 참여한 느낌을 소개한다.
  –협동의 중요성에 대한 자신의 생각을 소개한다.
  –이 활동을 통하여 알게 된 점과 느낀 점에 대해 이야기를 나눈다.

실천방안

협동을 교훈으로 한 속담을 찾아보고 협력을 위한 실천방안에 대해 이야기를 나눈다.

※협동을 표현한 속담을 찾아보세요.

1.
2.
3.
4.
5.

'놋다리밟기' 활동 후 소감

리터러시 매체 유형	인성덕목	매체제목
뉴스	협동	태안은 지금

♠ 놋다리밟기를 통하여 협동을 해 본 소감을 이야기해 보세요.

놋다리 밟기 하면서 힘들었던 점

놋다리 밟기 하면서 배운점

놋다리 밟기처럼 협력이 필요한 놀이

리터러시 매체 유형	인성덕목	매체제목
TV 예능방송	협동	무한도전(조정 특집)

예능방송 무한도전에서 개인보다는 단체의 팀워크를 중요시하는 스포츠 종목인 조정에 도전하는 특집으로 촬영하였다. 무한도전 팀은 조정 국가대표 선수들과 함께 팀원을 나눠서 훈련을 하였다. 처음 기록 측정에서는 대부분의 멤버들이 체력이 부족하였고, 팀워크가 제대로 이루어지지 않아 일부 멤버만의 체력에 의지하는 모습을 보였으나, 이후 훈련을 거듭하며 팀워크가 좋아지고 기록이 향상되는 모습을 보여주었다.

활동명 협동화 그리기

활동목표	• 협동의 중요성과 의미를 알 수 있다. • 팀원들과 협동하여 협동을 나타내는 협동화를 그린다. • 협동의 중요성을 인식하고 팀원과 협동하려는 자세를 가진다.

매체감상

- 『무한도전(조정 특집)』의 한 장면을 감상하고 이야기를 나눈다.
  - 『무한도전(조정 특집)』에서 멤버들이 보여준 갈등과 팀워크에 대해 자신의 생각을 이야기해 보자.
  - 『무한도전(조정 특집)』을 보고 난 후 느낀 점에 대해 이야기해 보자.

활동방법

- 『무한도전(조정 특집)』의 상황과 비슷한 상황은 무엇이 있는지 알아본다.
  - 『무한도전(조정 특집)』에서 조정 연습을 하는 과정에서 볼 수 있는 갈등과 협력의 상황에 대한 느낌을 자신의 경험과 관련지어 이야기해 본다.
  - 『무한도전(조정 특집)』의 팀워크가 잘 이루어지게 된 계기와 과정에 대해 이야기해 본다.

- 팀을 이루어서 협동과 관련된 주제를 정하고 협동화를 그려본다.
  - 어떤 그림을 그릴지 주제에 대해 토의한다.
  - 협동화를 위해 어떤 방식으로 그림을 그리고 역할을 어떻게 나눌지 토의한다.

- 정해진 역할대로 협동화를 그려본다(종이가 클수록 좋음).

- 협동화를 완성한 후 활동에 참여한 소감을 이야기해 본다.

- 자신이 그린 협동화를 소개한다.
  - 협동화를 그리는 과정을 소개한다.
  - 이 활동을 통하여 알게 된 점과 느낀 점에 대해 이야기를 나눈다.

실천방안

협동과 팀워크를 위해 가져야 할 자세와 동료에 대한 배려에 대해 이야기를 나눈다.

※협동과 팀워크를 위해 가져야 할 자세에 대해 이야기해 보세요.

1.

2.

3.

4.

5.

'협동화' 그리기

리터러시 매체 유형	인성덕목	매체제목
TV 예능방송	협동	무한도전(조정 특집)

♠ 팀원과 협동하여 협동을 나타내는 주제를 정하고 협동화를 그려 보세요.

리터러시 매체 유형	인성덕목	매체제목
그림	협동	행주대첩

임진왜란 3대첩의 하나인 행주대첩은 덕양산 정상에 지어진 행주산성에서 임진왜란 당시에, 의병과 승병을 포함한 2천3백 명으로, 왜군 3만여 명을 크게 물리친 전투다. 전투 중 돌마저 떨어지게 되어 성 안의 부녀자들이 치마로 돌을 날라주어 돌로 싸움을 계속할 수 있었다고 한다. 부녀자들의 호국에의 의지가 싸움을 승리로 이끌었다하여 그 후부터 '행주치마'라는 말이 더욱 유명해졌다는 이야기가 있다.

활동명 함께 하는 시간

활동목표	• 협동하여 어려운 일을 해결할 수 있음을 알 수 있다. • 협동하여 할 수 있는 활동을 통해 협동하는 경험을 해 본다. • 협동의 필요성을 인식한다.

매체감상

- 제시된 『행주대첩』 기록화를 감상하고 이야기를 나눈다.
  - 『행주대첩』 기록화는 어떤 장면을 그리고 있는지 이야기해 보자.
  - 『행주대첩』과 행주치마에 대한 설화를 듣고 협동의 의미에 대해 생각해 보고 이야기를 나눈다.
  - 『행주대첩』 기록화를 보고 난 후 느낀 점에 대해 이야기해 보자.

활동방법

- 『행주대첩』의 행주치마 설화와 같이 힘을 모아서 어려움을 이겨낸 사회적 이슈는 무엇이 있었는지 알아본다.
  - 여러 사람이 합심하여 어려운 상황을 이겨낸 사례를 찾아보고 이야기를 나눈다.

- 사람들이 어려울 때 서로 협동할 수 있는 동기에 대해 생각해 보고 이야기해 본다.
- 협동의 중요성에 대하여 토의한다.

• 협동하여 할 수 있는 게임을 해 보며 협동의 힘을 체험해 본다.
- 숟가락을 이용해 탁구공을 빨리 옮길 수 있는 방법을 생각해 본다.
- 각자 팀원과 상의하여 방법을 고안해 본다.
- 각 팀별로 자신들이 정한 방법대로 탁구공을 옮겨본다.

• 팀원들과 협동하여 활동한 후 소감을 이야기해 보자.

• 게임이 아닌 협동을 통한 사진찍기 활동을 해본다.
- 10~15명 정도의 소그룹을 만든다.
- 소그룹의 모든 인원이 동시에 점프를 하고 있는 사진을 휴대전화로 찍어본다.
- 이때 구성원의 발은 땅에서 모두 떨어져야만 하는 규칙을 정한다.
- 어느 팀이 가장 빨리 사진을 찍는지 게임을 해 본다.
- 팀원들과 협동하여 활동한 후 소감을 이야기해 보자.

• 협동하여 활동한 느낌을 이야기해 보자.
- 자신의 팀이 사용한 협력방법을 소개한다.
- 이 활동을 통하여 느낀 점에 대해 이야기를 나눈다.

실천방안

생활에서 협동을 통해 하면 더 쉽게 할 수 있는 일들에 대해 이야기해 보고 협동을 위한 실천방안에 대해 이야기를 나눈다.

※협동을 통해 할 수 있는 일들에 대해 이야기해 보세요.

1.

2.

3.

4.

5.

함께 하는 시간

리터러시 매체 유형	인성덕목	매체제목
그림	협동	행주대첩

♠ 친구들과 함께 점프를 하고 있는 사진을 붙이고 활동 소감을 적어 보세요.

사진 붙이는 곳

활동 후 소감

리터러시 매체 유형	인성덕목	매체제목
뉴스	협동	시민 힘으로 구조

친구와 길을 걷던 여성의 뒤로 갑자기 1톤 트럭이 나타나 덮쳐버린다. 보기만 해도 아찔한 순간, 여성과 함께 걷던 일행도 어쩔 줄 몰라 이곳저곳에 도움을 청하는데, 때마침 지나가던 사람이 트럭으로 달려오고, 행인들이 하나둘씩 트럭 근처로 모이더니, 순식간에 20여 명으로 늘어났고, 결국 힘을 모아서 트럭을 들어 올렸다. 사고를 당한 여성은 1분 만에 무사히 구조돼 병원으로 옮겨졌다.

활동명 협동으로 변화된 세상

활동목표	• 협동을 통한 성숙된 시민의식에 대하여 알아본다. • 직접적으로 사회를 변화시키거나 도움을 주는 사건들을 찾아서 신문기사를 만들어본다. • 협동 없는 사회에서는 어떤 일이 일어나게 될지 상상해 보고 협동의 중요성에 대하여 인식해 본다.

매체감상

- 『시민 힘으로 구조』 뉴스를 보고 이야기를 나눈다.
  - 『시민 힘으로 구조』 뉴스에서 시민들이 없었다면 어떻게 되었을지 생각해 보고, 시민들의 도움에 대해 이야기해 보자.
  - 『시민 힘으로 구조』 뉴스를 보고 난 후 느낀 점에 대해 이야기해 보자.

활동방법

- 『시민 힘으로 구조』 뉴스를 보고 당시 상황에 대해 이야기를 나눈다.
  - 사고를 본 시민들은 어떤 생각을 가졌을지 생각해 본다.
  - 도움을 주려고 온 사람들은 어떤 생각을 하며 도움을 주었을지 생각해 본다.
  - 자신이 사고 현장에 있었다면 어떤 선택을 하였을지 생각해 보고 이야기해 본다.

• 『시민 힘으로 구조』 뉴스와 같이 협동으로 사회를 변화시키거나 도움을 주 사건들을 찾아서 신문기사를 만든다.
  – 협동을 통해 도움을 주거나 사회를 변화시킨 사건을 찾아본다.
  – 사건 기사를 정리하여 협력 소식을 전하는 신문을 만든다.
  – 신문 레이아웃을 정하고 정리한 기사들의 제목을 붙인 후 기사를 배치한다.

• 자신이 만든 신문기사를 소개한다.
  – 신문기사의 사건을 소개한다.
  – 이 활동을 통하여 알게 된 점과 느낀 점에 대해 이야기를 나눈다.

실천방안

우리 사회의 변화를 위해 내가 참여할 수 있는 사회적 협동활동에는 무엇이 있는지 생각해 본다.

※사회의 변화를 위해 내가 참여할 수 있는 협동활동을 이야기해 보세요.

1.

2.

3.

4.

5.

'협동으로 변화된 세상' 신문 만들기

리터러시 매체 유형	인성덕목	매체제목
뉴스	협동	시민 힘으로 구조

♠ 협동으로 사회를 변화시킨 사건들을 찾아 신문을 만들어 보세요.

좋은 인성 신문

사건 사진

기사쓰는 곳

강경석·김영만(2006). 교사발달단계와 교사의 직무능력 연구. 교육행정학연구, 24(1), 119-142.
강선보·박의수·김귀성·송순재·정윤경·김영래·고미숙(2015). 인성교육. 경기 파주: 양서원.
강용원·김정희(2004). 교사의 전문적 능력개발을 위한 근무성적 평정제도의 개선방향. 한국정책과학회보, 8(1), 149-174.
강원근·곽영우(1998). 미래사회에 부응하는 교원양성체제에 관한 연구: 교육대학교와 국립사범대학을 중심으로. 한국교사교육, 15(2), 24-55.
강유정(1999). 유치원 교원을 위한 현직교육의 현황과 요구분석. 박사학위논문, 계명대학교 대학원.
경남교육청(1998). 인성교육을 위한 집단상담 프로그램. 경상남도 교육청.
고려대학교 민족문화연구원(2009). 한국어대사전. 서울: 고려대학교.
곽영우·권상혁·서정화·신통철·최성락·하상일·황의일(1997). 예비교원을 위한 교사론. 서울: 교육과학사.
교육부(2000). 유치원 교육활동 지도자료, 1. 총론. 서울: 교육부.
교육부(2015). (2015년도) 인성교육 강화 기본계획. 세종: 교육부 인성체육예술과.
교육부(2016). 인성교육중심수업강화 정책의 효과성 분석 및 성과지표 개발연구. 세종: 교육부.
교육과학기술부(2011). 유치원 기본과정 내실화를 위한 인성교육프로그램. 서울: 교육과학기술부.
구봉진·김주호(2011). STAD 협동학습 수업모형의 체육수업 적용이 교우관계에 미치는 효과. 교과교육학연구, 15(1), 185-202.
구현정·전영옥(2005). 의사소통의 기법. 서울: 박이정.
국립국어원(2012). 표준국어대사전. 서울: 두산동아.
권건일·신재흡(2006). 유아교사론. 서울: 양서원.
권건일·신재흡(2010). 유아교사론. 서울: 양서원.
권영례·김소라(2015). 영유아교사론. 경기 파주: 양서원.
김경령·서은희(2014). 자기조절학습 프로그램의 효과에 대한 메타분석. 교육심리연구, 28(4), 619-649.
김규태·강유정·강성복(2014). 교육행정 및 교육경영. 서울: 양서원.
김기태·조평호(2004). 미래지향적인 교사론. 서울: 교육과학사.
김길숙·황현숙·길현주(2015). (새내기 유아교사가 알아야 할)교직실무 101가지. 서울: 동문사.
김두범·김미경·김현희·최광희(2004). 영유아 보육 프로그램 개발과 평가. 서울: 창지사.
김병수(1997). 초등학생이 지각한 교사의 열린교육 수행정도와 학급풍토 및 사회성의 관계. 석사학위논문, 한국교원대학교 교육대학원.
김병희(2015). 교육의 역사와 철학. 경기 고양: 공동체.
김선남(2003). 유아특수교육 교사의 자질에 대한 관리자의 기대수준 조사. 석사학위논문, 공주대학교 특수교육대학원.
김성원(2016). 원가족의 정서적 건강성이 중학생의 자아정체성과 의사소통 및 대인관계에 미치는 영향. 박사학위논문, 백석대학교 기독교전문대학원.
김소연(2016). 초등학생이 지각한 부모의 공감능력과 아동의 공감능력 및 타인존중 태도와의 관계: 자아존중감을 매개로. 석사학위논문, 한양대학교 교육대학원.
김신자(2003). 현실요법프로그램이 청각장애학생의 자기효능감 내적통제성 및 책임감에 미치는 영향. 석사학위논문, 한국교원대학교 교육대학원.

김영옥(2013). 유아 창의·인성 교육과 누리과정. 한국교원대학교 유아교육원.

김영옥(2015). 유아인성교육의 이론과 실제. 경기 고양: 공동체.

김영한·추경진(2010). 초등학교 특수학급 교사의 전문성 인식과 직무 스트레스, 교사효능감과의 관계. 특수아동교육연구, 12(4), 413-432.

김용조(2001). 초등학부모가 본 교사의 인성적 자질. 대구교육대학교 논문집, 36, 267-295.

김윤태·서정화·노종희(1984). 교사와 교직사회. 서울: 배영사.

김윤환(1997). 인성교육의 이해, 아이들이 달라졌어요. 새교실(1월호), 1-10.

김은설·박수연(2010). 보육 시설장·교사 윤리강령 개발 연구. 서울: 한국보육시설연합회.

김정신·정해은·조희진(2004). 유아예절교육. 서울: 교문사.

김정옥(2005). 안정되고 행복한 가정은 어떻게 만들어지는가? 우리길벗, 5(8), 29-34.

김종연(2006). 중학교 인성교육의 실태와 개선방안에 관한 연구. 석사학위논문, 경주대학교 교육대학원.

김현섭(2012). 협동학습. 서울: 한국협동학습센터.

김현자·김혜금·이상희(2012). 유아교사론. 서울: 태영출판사.

김현주(2010). 부모-자녀 의사소통 및 기본 심리적 욕구 척도개발을 통한 청소년 안녕감 설명 변인연구. 박사학위논문, 충남대학교 대학원.

김형제·김형숙·구성수·박지현·강현미·박진희(2016). 유아창의·인성교육. 경기 고양: 공동체.

김형제·최지현·현혜정·이순애·김형숙·송민서·강현미(2016). 영유아교사 인성론. 서울: 창지사.

김희규·전상훈(2011). 교사의 전문성 개발, 헌신, 지식공유와 교수효과성과의 구조적 관계 분석. HRD연구, 13(2), 67-86.

김희태(2004). 유아교사의 갈등에 대한 질적 연구. 중앙유아교육학회지, 8(2), 5-34.

나미경(2003). 초등학생의 예절과 인성의 관계연구. 석사학위논문, 한서대학교 대학원.

노길영(2000). 경력 유치원 교사를 통해 본 교사 발달의 제 요인 및 유형. 석사학위논문, 이화여자대학교 대학원.

단현국(2014). 교사가 지각한 교사-유아 관계와 유아의 또래 유능성. 한국유아교육연구, 13(2), 5-33.

문용린·최인수(2010). 창의·인성교육의 총론. 인하대학교 교육연구소 심포지움, 10, 21-29.

문혁준·김경회·김영심·김혜연·배지희·서소정·안효진·이경렬·이미정·이희경·조혜정(2010). 보육교사론. 서울: 창지사.

문혁준·안효진·김경회·김영심·김정희·김혜연·배지희·서소정·이미정·이희경·정다운·조혜정(2016). 보육교사론. 서울: 창지사.

민은경(2016). 보육교사의 의사소통능력과 부모-교사 의사소통 간의 관계. 석사학위논문, 숭실대학교 교육대학원.

민중서림편집부(2016). 민중국어사전. 경기 파주: 민중서림.

박경옥(2010). 유아 인성교육에 대한 예비유아교사의 인식에 관한 연구. 석사학위논문, 중앙대학교 대학원.

박근주·송원호·김연진·이화영(2011). 영유아교사론. 경기 파주: 양서원.

박미주(2009). 모래놀이에서의 유아협동행동에 관한 질적 연구. 석사학위논문, 부산대학교 교육대학원.

박선아·문승연·김춘희·이정아·최인숙(2016). 보육교사론. 서울: 동문사.

박슬기(2007). 교사 상호간의 갈등에 관한 연구. 석사학위논문, 서울대학교 대학원.
박영숙(2012). 세계 교사교육의 동행 및 시사점. 세계교육정책 인포메이션 7호, 서울: 한국교육개발원.
박영신·김의철·신영이(2011). 자녀효도 관련 토착심리 탐구와 자녀효도가 가정생활만족도에 미치는 영향 분석: 초, 중, 고, 대학생 부모를 중심으로. 教育學硏究, 49(4), 87-120.
박영신·김의철·한기혜(2009). 부모가 지각한 자녀효도의 구성개념 및 영향: 자녀양육효능감과 가정생활만족도와의 관계를 중심으로. 인간발달연구, 16(3), 203-241.
박은혜(2010). 유아교사론. 서울: 창지사.
박은혜(2016). 유아교사론. 서울: 창지사.
박은혜·곽아정·김난실·김현주·김희진·유청옥·이혜경(2016). 유치원 교사를 위한 교직실무. 서울: 창지사.
박의수(2005). '정직'의 가치가 실종된 교육현장. 기러기, 41(3), 16-17.
박의수(2008). 교육의 역사와 철학. 서울: 동문사.
박현지(2015). 인성동화를 활용한 협동활동이 유아의 배려적 사고에 미치는 영향. 석사학위논문, 건국대학교 대학원.
배병삼(2012). 우리에게 유교란 무엇인가? 서울: 녹색평론사.
백윤수·김영민·노석구·박현주·이주연·정진수·최유현·한혜숙·최종현(2012). 융합인재교육(STEAM) 실행방안 정립을 위한 기초연구. 한국과학창의재단 연구 보고서 2012-12, 서울: 한국과학창의재단.
백은영(2015). 정의윤리와 배려윤리의 통합적 접근에서의 다문화 교육. 석사학위논문, 공주대학교 교육대학원.
백혜리(1989). 유아교육교사의 전문성에 관한 연구. 석사학위논문, 이화여자대학교 교육대학원.
변순용(2004). 생명에 대한 책임: 쉬바이처와 요나스를 중심으로. 汎韓哲學, 32, 5-28.
변영계·김영환·손미(2000). 교육방법 및 교육공학. 서울: 학지사.
서정화(1994). 교육인사행정. 서울: 세영사.
성규탁(1994). 현대 한국인이 인식하는 효: 척도와 차원. 한국노년학, 14(1), 50-68.
송정애·장정순(2008). 보육교사의 역할갈등이 역할수행에 미치는 영향에 관한 연구. 한국가족복지학, 13(4), 229-249.
서문희·양미선·김은설·최윤경·유해미·손창균·이혜민(2012). 2012 전국보육실태 조사 보고서. 서울: 육아정책연구소.
서울대학교 교육연구소(1995). 교육학용어사전. 서울: 하우.
서울대학교 교육연구소(2011). 교육학용어사전. 서울: 하우.
송광용(2007). 교직과 교사: 교사의 역할과 자질. 서울: 학지사.
송연숙·유수경(2008). 유아교사용 역할갈등 척도의 개발과 타당화. 유아교육연구, 28(4), 189-213.
신극범(1979). 교사의 자질과 교육의 성과, 교직의 위기와 교원의 자세. 교육개발, 2(79), 30-33.
신옥순(1994). 유아교육학개론. 서울: 학지사.
신재흡(2016). 보육교사론. 서울: 동문사.
신화연(2014). 유아교사의 자질에 대한 교사와 부모의 인식에 관한 연구. 석사학위논문, 중앙대학교 대학원.
안영란(2010). 고등학생의 효도와 부모가 지각한 자녀에 대한 기대 및 역할 인식: 토착심리분석. 석사학위논문, 인하대학교 교육대학원.
여연승(2003). 교사-유아 관계가 유아의 사회적 유능감과 또래수용에 미치는 영향. 석사학위논문, 숙명여자대학교 대학원.
염지숙·이명순·조형숙·김현주(2011). 유아교사론. 서울: 정민사.
오문자(2011). 레지오 알아가기: 한국에서 레지오 교육의 재구성. 서울: 정민사.
오세정(1997). 한국전통사상에서의 효개념에 관한 연구. 석사학위논문, 이화여자대학교 대학원.
오연주·한유미(2005). 스웨덴과 한국 보육교사의 직무만족도와 전문성에 대한 인식 비교연구. 미래유아교육학회지, 12(1), 99-122.
오은주(2009). 특수학교 담임교사의 자질과 역할수행에 대한 학부모의 지각과 기대연구. 석사학위논문, 영남대학교 교육대학원.
유대근(2007). 특수학교 치료교육 교사의 자질에 대한 자기평가와 기대수준. 석사학위논문, 공주대학교 특수교육대학원.
유병렬(2004). 도덕교육론. 서울: 양서원.
유정아(2003). 실천을 위한 교육학개론. 서울: 교육과학사.
유치원 교원양성·임용체제개선방안 T/F팀(2010). 유치원 교사 헌장, 강령. 유치원 교원양성·임용제도개선연구단.
육아정책연구소: http:/www.kicce.re.kr
윤종건·전하찬(1998). 교사론. 서울: 정민사.
이군현(1997). 교육행정 및 경영: 조직이론적 접근. 서울: 형설출판사.
이금희(2011). 영유아 예절교육에 관한 지도실태 및 보육교사의 인지: 표준보육과정 중심으로. 석사학위논문, 성균관대학교 생활과학대학원.
이동원(1991). 집단경쟁과 집단무경쟁 협동학습이 학업성취와 학습동기에 미치는 효과. 박사학위논문, 계명대학교 대학원.
이명준·진의남·서민철·김정우·이주연·김병준·박혜정(2011). 교과교육과 창의적 체험활동을 통한 인성교육 활성화 방안. 한국교육과정평가원, 경제·인문사회연구회 협동연구총서 11-18-01, 연구보고 RRC 2011-7-1.
이민선(2003). 유아교사의 현직교육 인식 및 요구에 관한 연구. 석사학위논문, 배제대학교 대학원.
이병석·이찬숙·김경윤·조경선·조메리(2010). 영유아인성교육. 서울: 양서원.
이수연(2001). 배려 윤리의 도덕교육론. 석사학위논문, 연세대학교 대학원.
이순복(2009). 창의적 교사역할 및 교사-유아관계가 상호작용적 또래놀이에 미치는 영향. 아동교육, 18(2), 151-163.
이연수(2011). 초등학생용 배려 증진 프로그램 개발. 박사학위논문, 경북대학교 대학원.
이연수(2012). 초등학생용 배려 증진 프로그램이 초등학생의 도덕지능과 공격성에 미치는 효과. 초등교육연구, 25(2), 91-116.
이윤식(1999). 장학론. 서울: 교육과학사.
이은선(2014). 배려증진 프로그램이 초등학생의 친사회적 행동 및 학급 공동체 의식에 미치는 영향. 석사학위논문, 성균관대학교 교육대학원.
이인수(2013). 어린이집 평가인증제도와 교사효능감이 교사 전문성에 미치는 영향. 박사학위논문,

대구한의대학교 대학원.
이은화(1985). 유아교육교사의 역할과 바른 자세. 유아교사연수교재, 새세대육영회 부설유치원 교원연수원.
이은화·배소연·조부경(2006). 유아교사론. 서울: 양서원.
이재혁(2013). 예절교육의 배려윤리적 접근방안 연구. 석사학위논문, 한국교원대학교 교육대학원.
이정은(2009). 한국청소년 인성교육의 개선방안연구. 석사학위논문, 부산대학교 대학원.
이지연(206). 소집단 협동 학습이 초등 영어 듣기, 읽기 능력과 정의적 영역에 미치는 영향. 석사학위논문, 부산교육대학교 교육대학원.
이향(1996). 보육시설의 보육교사 전문성 인식과 영아반 프로그램 질에 관한 연구. 석사학위논문, 건국대학교 교육대학원.
이호진(2016). 공감과 소통을 통한 인성교육 실천연구: 중학교 영어과 교수학습을 중심으로. 석사학위논문, 국제신학대학원대학교.
임부연·김성숙·송진영(2015). 유아교사론. 경기 파주: 양서원.
장동진(2004). 동아일보. 11. 30.
장우귀(2012). 초등학교 입학 전후 아동과 어머니의 생활만족도에 대한 영향과 변화. 박사학위 논문, 인하대학교 대학원
전남련·이은임·김기선·남궁기선·백향기·이재영·원종순·김정화·손권희·박주선·박연순·김행숙·김혜란(2015). 영유아 인성교육. 경기 파주: 양서원.
전두리(2015). 협동학습을 기반으로 한 중학교 미술교과에서의 인성교육 방안: LT협동학습모형을 중심으로. 석사학위논문, 숙명여자대학교 교육대학원.
전제아(2005). 한국 대학에서의 인성 교육과정 사례 분석: 서울 소재 4개 대학교를 중심으로. 인간연구, 9, 5-31.
정기철(2013). 청소년의 정직지수 조사. 기러기, 49(6), 22-23.
정다우리(2015). 유아 책임감 형성 프로그램 개발 및 적용 효과. 박사학위논문, 중앙대학교 대학원.
정옥경(2008). 가정환경이 대학생의 심리·사회 성숙에 미치는 영향. 박사학위논문, 인하대학교대학원.
정옥분·강경화(2002). 배려지향적 도덕성과 정의지향적 도덕성. 서울: 집문당.
정옥분·김광웅·김동춘·유가효·윤종희·정현희(1996). 한국인의 효 인식 및 실천 정도에 대한 연구. 대한가정학회지, 34(6), 387-403.
정종기(2005). 가족과 인간관계. 우리길벗, 5(8), 29-34.
정창우·손경원·김남준·신호재·한혜민·양혜성·김하연·하영근(2013). 학교급별 인성교육 실태 및 활동화 방안. 서울: 진한엠엔비.
정태범·강환국·이수임(2000). 21세기의 교사 양성 체제. 한국교원교육연구, 17(1), 19-54.
정현숙(2002). 예비 및 초임교사의 교사로서의 자아상 형성 과정. 박사학위논문, 건국대학교 대학원.
조동섭(2005). 교원양성대학의 기능과 역량 강화 방안. 교육행정학연구, 23(2), 399–419.
조부경·고영미(2003). 유치원 교사의 배경 원인과 교직 지향성 및 교직 지향 이유와의 관계 연구. 한국교사연구, 20(3), 295-311.
조부경·백은주(2004). 발달적 장학을 통한 유아교사의 과학교육에 대한 관심 및 교수 실제의 변화과정. 유아교육연구, 21(1), 269-290.

조용태·김창현·유경미·이기용(2016). 인성의 이해와 실제. 경기 고양: 공동체.

조형숙·박은주·류혜숙(2008). 예비유아교사의 교직윤리 인식에 관한 연구. 미래유아교육학회지, 15(1), 301-325.

주소언(2012). 유아교사의 전문성 인식과 직무스트레스에 관한 연구. 석사학위논문, 경남대학교 교육대학원.

주영희(1998). 유아를 위한 언어교육. 서울: 교문사.

최대훈(2016). 유아교사의 자기성장프로그램 모형개발을 위한 연구. 인문사회 21, 7(2), 417-438.

최영갑·도민재(2013). 유교경전과 예학. 서울: (사)예실본 정통예절연구소.

최윤아(2015). 공립유치원 교사의 발달단계에 따른 직무스트레스와 심리적 소진의 차이에 관한 연구. 석사학위논문, 중앙대학교 대학원.

최은미(2008). 유아교사와 예술치료: 유아교사와 예술치료사의 역할, 자질 및 환경 비교를 중심으로. 아동교육, 17(2), 287-299.

최한수(2003). 유아교육행정. 서울: 문음사.

한국교원단체총연합회(2003). 교사론. 서울: 교육과학사.

한국교원단체총연합회(2005). 교사론. 서울: 교육과학사.

한국교육학회(2001). 인성교육. 서울: 문음사.

한국보육진흥원(2010). (보육교사를 위한) 표준보수교육과정. 서울: (재)한국보육진흥원.

한국학술진흥재단(2004). 유치원 교사의 전문성 발달수준을 고려한 현직교육프로그램 모형개발. 한국학술진흥재단.

한양순(2016). 관계개선을 위한 상대적 관점에서의 예절연구: 소통을 중심으로. 석사학위논문, 동국대학교 불교문화대학원.

한영희(2013). 율곡의 예절교육론 연구: 격몽요결과 학교모범을 중심으로. 석사학위논문, 성균관대학교 생활과학대학원.

한유나(2010). 내일신문. 12. 16.

허병기(1994). 교직성격 고찰: 교직의 전문직성에 관한 반성적 논의. 교육학연구, 32(1), 49-77.

허승희(1994). 반사회적 공격행동의 처치 방안. 부산교육대학논문집, 30(1), 227-240.

허윤선(2006). 문해발달에 대한 유치원 교사의 신념, 문해활동과 갈등요인에 대한 연구. 석사학위논문, 이화여자대학교.

홍순정·강경희·박정자·오윤례·이숙희·전방실·정미자(2016). 전생애 인성교육. 경기 파주: 양서원.

황윤세·장영숙·최미숙(2004). 교육 실습경험 및 실습기관의 조직풍토가 예비 유아교사의 자아개념, 역할수행 및 교수효능감에 미치는 영향. 한국영유아보육학, 38, 195-218.

황정규·윤정일·서정화·송광용·이윤승(1995). 교원교육 개혁을 위한 종합 연구. 서울: 서울대학교 교육연구소.

Burke, P. J., Christensen, J. C., & Fessier, R. (1984). *Teacher career stages: Implication for staff development.* Bloomington, IN: Phi Delta Kappa, Educational Foundation.

Burke, P. J., Christensen, J. C., Fessier, R., McDonnell, J. H., & Price. J. R. (1984). *The teacher career cycle: Moral development and research report.* Association, Washington, D. C.(ERIC Document Reproduction Service No. ED 289 846).

Castter, W. B. (1986). *The personal function in educational administration.* New York: Macmillan Publishing Co.

Cho, B., & Saracho, O. N. (1997). The development of the early childhood teacher's role rating scale in korea. *International Journal of Early Childhood Education, 2,* 19-36.

Corey, G. (2003). 심리상담과 치료의 이론과 실제 (조현춘·조현재 공역). 서울: 시그마프레스.

Doyle, W. (1990). *Themes in teacher education reaserch,* In W. R. Houston(ed.), *Handbook of Reaserch on Teacher Education*(pp.3-24). New York: Macmillan Publishing Co.

Galvin, K. M., & Brommel, B. J. (1982). *Family Communication.* Glenview. IL: Scott, Foreman Company.

Feeney, S., Christensen, D. & Moravick, E. (1983). *Who am I in the Lives of Children?(2nd ed.).* Ohio: Charles E. Merrill Publishing Co.

Feinman, S., & Folden, R. E. (1981). A comsumers guide to teacher development. *The Journal Development, 1*(2), 126-147.

Fessler, R., & Christensen, J. (1992). *The teacher career cycle: Understanding and guiding the professional development of teachers.* Boston: Allyn and Bacon.

Fuller, F. (1969). Concern of teachers: A development Conceptualization. *American Educational Research Journal, 6,* 207-226.

Fuller, F., & Brown, O. (1975). Becoming a teacher. In K. Rayn (ed.), *Teacher Education*(The Seventy-Fourth NSSE Yearbook). Chicago: University of Chicago Press.

Hellison, D. (1995). *Teaching responsibility through physical activity.* Champaign, IL: Human Kinetic.

Hoy, W. K. & Miskel, C. G. (2013). *Educational administration* (9th ed.). New York: McGraw-Hill.

Johnson, D. W., & Johnson, R. (1994). *Learning together and alone: Cooperation, competition, and individualization,* Englewood Cliffs, NJ: Prentice-Hall.

Johnson, D. W., Johnson, R. T., & Holubec. E. J. (1994). T*he new circles of learning cooperation in the classroom and school.* Alexandria, VA: The association for Supervision and Curriculum Development.

Katz, L. G. (1970). Teaching in the preschools: Roles and goles. *Children, 17*(2), 42-48.

Katz, L. G. (1972). Developmental stages of preschool teachers. *Elementary School Journal, 73*(1), 50-54.

Katz, L. G. (1985). Research currents: Teachers as learners. *Language Arts, 62*(7), 778-782.

Katz, L. G. (1989). 유아교사를 위한 제언 (이차숙 역). 서울: 양서원.

Katz, L. G. (1995). *Talks with teachers of young children: A collection.* Norwood, NJ: Ablex Pub.

Kohlberg, L. (2000). 도덕발달이 철학 (김민남·김봉소·진미숙 공역). 서울: 교육과학사.

Labaree, D. F. (2000). Pratice that support teacher development. *Phi Delta Kappan, 76,* 591-596.

Lickona, T. (1993). The Return of Character Education. *Education Leadership, 51*(3), 6-11.

Lickona, T. (2006). 인격교육의 실제 (유병일·서상식·김태훈·김항인 공역). 서울: 양서원.

Mayeroff, M. L. (1971). *On caring.* New York: Harper & Row.

NAEYC(2005). NAEYC code of ethical conduct revised. National association of elementary school principals. 1615 Duke Street, Alexandria, VA.

NAEYC(2011). Code of ethical conduct and statement of commitment. http://www.naeyc.org/files/naeyc/file/positions/Ethics/Position/Statement 2011.pdf

Nodding, N. (1984). *Women and Evil.* Los Angeles: University of California Press.

Noddings, N. (2002). 배려교육론 (추병환·박병춘·황인표 공역). 서울: 다른 우리.

OECD(1998). *Educational Policy Analysis-Teachers for Tomorrow's Schools.* 25-39. Paris: OECD.

Reiman, A. J., & Thies-Sprinthall, L. (1999). 교사발달에 적합한 장학의 이론과 실제 (박은혜·이현옥·임승렬 공역). 서울: 정민사.

Rodd, J. (1994). *Leadership in Early Childhood: The Pathway to Professionalism.* New York: Teachers College Press.

Ryan, K., & Bohlin, K. (1999). *Building character in schools: practical ways to bring moral instruction to life.* San Francisco: Jossey-Bass.

Satir, V., Banmen, J., Gerber, J., & Gomori, M. (1991). *The Satir Model: Family therapy and beyond. Palo Alto*, CA: Science and Behaviour Books.

Schickedanz, J. A., York, M. Z., Stewart, I. S., & White, D. Q. (1990). *Strategies for teaching young children*(3rd ed.). New Jersey: Prentice-hall Inc.

Sharp, A. M. (2004). The other dimension of caring thinking. *Critical & Creative Thinking, 12*(1), 9-15.

Spodek, B. (1975). Eariy Childhood education and teacher and education: A search for consistency. *Young Children, 30*, 69-75.

Spodek, B. (1985). *Teaching in the Early Years*(3rd ed.). New Jersey: Prentice Hall. Inc.

Stinnett, T. M., & Huggett, A. J. (1963). *Professionnal as teachers.* New York: Collier-MacMillan. Co.

Trilling, B., & Fadel, C. (2012). 21세기 핵심역량: 이 시대가 요구하는 핵심 스킬 (한국교육개발원 역). 서울: 학지사.

저자소개

강유정
계명대학교 대학원 교육학 박사
현) 대구공업대학교 유아교육과 조교수

정동희
대구가톨릭대학교 대학원 아동학 박사
현) 성덕대학교 유아교육과 조교수

박진희
계명대학교 대학원 유아교육전공 박사수료
현) 성덕대학교 유아교육과 조교수

영유아교사 인성교육의 이론과 실제

초판 1쇄 발행 / 2017년 2월 25일
초판 2쇄 발행 / 2019년 2월 25일

•

공저자 / 강유정 · 박진희 · 정동희
발행인 / 이 중 수
발행처 / **동 문 사**

•

서울특별시 서대문구 홍제원 1길 12
(홍제동 137-8)
Tel: 02)736-3718(대), 736-3710, 3720
Fax: 02)736-3719
등록번호: 1974.04.27 제9-17호
가격: 17,000원

•

ISBN: 978-89-8251-877-5(93370)
E-mail: dong736@naver.com
www.dongmunsa.com